Aproximações entre Direito Penal e Filosofia

— ENSAIOS E CONFERÊNCIAS —

Dados Internacionais de Catalogação na Publicação (CIP)

T266a Teixeira Neto, João Alves.

Aproximações entre direito penal e filosofia : ensaios e conferências / João Alves Teixeira Neto. – Porto Alegre : Livraria do Advogado, 2021.

108 p. ; 23 cm. – (Série Filosofia)

Inclui bibliografia e índice.

ISBN 978-65-86017-30-4

1. Direito penal - Filosofia. I. Título. II. Série.

CDU 343.2:340.12

Índice para catálogo sistemático:

1. Direito penal : Filosofia 343.2:340.12

(Bibliotecária responsável: Sabrina Leal Araujo – CRB 8/10213)

João Alves Teixeira Neto

Aproximações entre Direito Penal e Filosofia

— ENSAIOS E CONFERÊNCIAS —

livraria
DO ADVOGADO
editora

Porto Alegre, 2021

Capa, projeto gráfico e diagramação
Livraria do Advogado Editora

Revisão
Rosane Marques Borba

Direitos desta edição reservados por
Livraria do Advogado Editora
Rua Riachuelo, 1334 s/105
90010-273 Porto Alegre RS
Fone: (51) 3225-3311
editora@doadvogado.com.br
www.doadvogado.com.br

Impresso no Brasil / Printed in Brazil

A Ernildo Stein, meu grande Professor,
que me ensinou muito mais que filosofia.

Prefácio

O novo livro que acabo de ler me trouxe várias surpresas para um campo teórico que não é desconhecido. Trata-se das relações estabelecidas entre o Direito e a Filosofia. Pelo vasto alcance do Direito, no mundo intelectual, esta área do saber estende suas relações para as mais diferentes regiões de estudo. No entanto, a Filosofia é explorada de modo privilegiado pelo Direito. Não apenas porque este abrange questões múltiplas da condição humana, mas sobretudo pelas consequências que o exercício do Direito, tanto nas dimensões teóricas, como práticas, envolve o ser humano de modo inelutável. E é justamente, desde o começo do pensamento ocidental, que os filósofos se debruçam sobre a condição humana. E quando se pergunta pelo ser humano, não existe área de maior amplitude, e de alcance mais abrangente, que o enigma do modo de ser no mundo deste explorador de seus abismos.

Examinemos um período da história humana em que o convívio regido pelo Direito não traga consigo uma grande diversidade da presença da Filosofia. Mas esta presença não é simplesmente uma informação passiva diante do Direito. O próprio conceito do Direito de um tempo, sua articulação em campos específicos, o confronto de posições jurídicas, os interesses que procuram se defender em sua afirmação agônica, os debates em que se buscam os melhores argumentos, enfim, os fundamentos que são apresentados para que as posições se consolidem, tudo isso pressupõe não apenas o conhecimento da Filosofia em geral, mas as melhores posições teóricas de um Filósofo ou de grupos de Filosofia. Assim a Filosofia termina sendo aquele tipo de conhecimento do qual depende o melhor Direito.

Quando João Alves Teixeira Neto chegou a um nível de reflexão em que diversos trabalhos se aproximaram e revelaram maturidade, ele tinha atingido uma modalidade, talvez a melhor, de utilizar a Filosofia na sua aproximação do Direito. Com seus interesses dirigidos precipuamente ao Direito Penal, foi para este que o estudioso aprofundou seus recursos teóricos. O que chama a atenção é o longo caminho filosófico e a cuidadosa análise que foram estudados para seguir com segurança sua visão crítica e afirmativa diante das diversas alternativas. Para isso era necessário conhecer algumas posições de autores, para avaliá-las e eventualmente criticá-las. Neste esforço de interpretação foram surgindo os elementos a serem preferidos para fazer sua escolha.

Surgiram, neste esforço, os melhores recursos para evitar, aquilo que no direito é uma verdadeira praga e que podemos chamar de "Filosofia ornamental". É muito frequente esta atitude retórica com que se lida com a Filosofia quando aproximada do Direito. O autor tinha plena consciência de que tinha que trabalhar honestamente para não cair na pura retórica filosófica. Não se pode deixar de admirar o recurso que o autor encontrou para tirar o máximo proveito com seu achado fundamental. Trata-se do "quadro referencial teórico" que foi desenvolvido e aplicado nas análises apresentadas. Na Filosofia Estrutural Sistemática de L.B. Puntel está escondido o manancial com que se tenta fazer uma aproximação entre Direito Penal e Filosofia. O autor conseguiu, com esse recurso, convencer-nos do resultado luminoso de sua crítica aos autores e da afirmação de sua estratégia para pensar o Direito Penal.

Sem dúvida, foi assim que o autor iluminou sua aplicação da compreensão analítico-existencial, pela qual ele se libertou da constante ameaça da objetificação com que nos ronda o dogmatismo no Direito.

Se de um lado, temos o quadro referencial teórico que oferece o ambiente a partir do qual pensar a relação entre Direito e Filosofia, é com esta dimensão, por outro lado, que o autor mostra como as questões do Direito, na aproximação da Filosofia, levantam a questão da relação entre o especulativo e o empírico. Não se podem instalar relações de caráter isomórfico entre esses dois campos do conhecimento.

A Filosofia traz para o Direito, além do quadro referencial, a necessidade da reflexão sobre o paradigma em que nos movemos. É por essa relação com determinado paradigma que nos permite criticar o Direito a partir do paradigma em que se move. Da dimensão analítico-existencial, com a qual Heidegger introduziu um novo modo de pensar, surge a diferença ontológica. O modo de chegar ao mundo pela compreensão supera o objetivismo e nos faz pensar a relação entre ser e ente. Assim nos movemos ao outro pensar, para além da objetificação. Por mais que afirmemos o dogmatismo no Direito, algo falta para aproximá-lo da Filosofia. A dimensão analítico-existencial, ou hermenêutica, opera por um pensamento antecipador, pré-compreensivo, que sustenta todo o entendimento jurídico e o faz descobrir sua historicidade. Está, portanto, em movimento uma dupla estrutura.

Como dizia Goethe, "a experiência é apenas a metade da experiência" ou o que a dogmática pensa como o definitivo é sustentado por um outro pensar. O que o Direito não sabe sem a analítica da compreensão é que "pensar é pensar a diferença".

O livro que temos pela frente abre horizontes em várias direções, isto é, nos põe a caminho da incompletude. Talvez assim aprendamos algo de um lado esquecido do Direito.

Porto Alegre, 13 de novembro de 2019.

Prof. Ernildo Stein

Sumário

Nota do autor

(Sobre o caminho teórico percorrido)

— I —

Publicar um volume sobre direito penal e filosofia, não posso deixar de dizer, é a realização de uma ambição intelectual de longa data para mim. Trata-se de um conjunto de textos sobre a temática, em maioria inéditos, produzidos ao longo de sete anos de trabalho intelectual nesse específico campo teórico. Não se trata, entretanto, de uma mera reunião de textos, apenas com uma temática comum. Trata-se, isto sim, de um esforço teórico continuado em que todos os textos são atravessados por elementos comuns, que conferem unidade ao trabalho e, ao mesmo tempo, revelam os passos seguidos no desenvolvimento de um quadro referencial teórico. A publicação deste volume representa a conclusão de uma etapa e, ao mesmo tempo, uma abertura a novas articulações teóricas.

O volume é composto por seis ensaios e duas conferências apresentadas em universidades estrangeiras: a primeira, na Universidade de Coimbra, em Portugal; e a segunda, na Universidade de Osnabrück, na Alemanha.

É claro que o leitor observará uma disparidade no estilo e – até mesmo, por que não dizer? – uma disparidade no grau de verticalidade das reflexões apresentadas nos diversos textos que agora estão reunidos. Isso se explica pelo fato de que, ao longo desses anos, pude compreender, cada vez mais, o pensamento de determinados autores e, sobretudo, enxergar mais claramente as diferentes possibilidades de "utilização" da filosofia no direito. Esses progressos culminaram em um verdadeiro aprimoramento do meu quadro referencial teórico.

— II —

Esse fenômeno para o qual acabo de chamar a atenção, o aprimoramento de um quadro referencial teórico, pode até mesmo parecer algo trivial, um resultado que normalmente se dá, talvez até, de uma forma espontânea. Mas as coisas, em regra, não se passam assim.

Um tal aprimoramento apenas é possível com a continuidade de um determinado modo de reflexão, com a insistência em certos exercícios reflexivos (poderíamos falar em "exercícios fenomenológicos"), que são capazes de movimentar a nossa interrogação sob uma estrutura constituída por elementos de matriz especulativa, que atravessam a produção de cada um dos nossos textos.

Nesse horizonte, conhecer novos conceitos, novos autores, novos textos, somente ganha sentido se os novos conhecimentos puderem ser incorporados ou, de algum modo, agregados a um determinado modo de trabalho. Torna-se factível, assim, a descoberta de novas possibilidades teóricas no trabalho com os temas que contínua ou sucessivamente ganham o nosso interesse e, dessa forma, torna-se exequível o avanço na direção de um verdadeiro aprimoramento do quadro referencial teórico.

Se não tivermos a clareza de consciência desse progresso teórico, o trabalho intelectual poderá se transformar em mero entretenimento ou, então, sofrer outras subversões de natureza menos elevada e ocorrência mais frequente.

— III —

Estou referindo constantemente a expressão "quadro referencial teórico", mas muitas vezes não temos uma compreensão inteiramente clara desse conceito, que, em determinados casos, acaba por ser confundido com um simples "referencial teórico". A diferença, na expressão em português, está assentada em apenas uma palavra: o termo "quadro". Entretanto, essa pequena diferença de um significante traz uma enorme diferença em significado.

Para acordarmos o que quero significar, aqui, por "quadro referencial teórico", utilizarei o conceito do filósofo alemão Lorenz Puntel, que sustenta: "Para que o desenvolvimento e a exposição de uma teoria seja factível, precisam ser reconhecidos e cumpridos muitos requisitos específicos. O conjunto dos fatores que preenchem esses requisitos pode ser chamado de quadro referencial, mais precisamente: quadro referencial teórico" (Puntel, *Struktur und Sein*, 2006. p. 29).

O quadro referencial teórico, assim, é o conjunto de conceitos, categorias, significados, modos de compreender e trabalhar um determinado campo teórico. Ele se mostra como uma espécie de solo, de fundo, em que a autonomia de pensamento pode se desenvolver e se assentar, estruturando e conduzindo o movimento de uma interrogação investigativa. O quadro referencial teórico, dessa forma, pode e deve ser constantemente aperfeiçoado, lapidado, refinado, buscando-se sempre os melhores elementos para que possamos conquistar o melhor quadro.

— IV —

Esse aprimoramento do quadro referencial teórico, para mim, teve um momento de especial manifestação. No decorrer das inúmeras atividades realizadas ao longo dos semestres do meu primeiro estágio pós-doutoral (desenvolvido mediante o apoio financeiro da Capes), tanto nas de caráter investigativo (pesquisa), quanto nas de caráter docente, junto ao Programa de Pós-Graduação em Ciências Criminais da Pucrs, busquei trabalhar com um quadro referencial teórico marcado pela interdisciplinaridade; tanto a interdisciplinaridade externa, como a relação entre o direito penal e a filosofia, quanto a interdisciplinaridade interna, dentro do âmbito das ciências criminais, como a relação entre o direito penal e o direito processual penal.

Fiz uma escolha, desse modo, pela interdisciplinaridade. Uma opção metodológica assumida, que poderia ser descrita como uma leitura do direito penal por meio do olhar filosófico, veio apenas a consagrar uma forma de trabalhar já apresentada em sede de estudos doutorais, que na ocasião me levou até a orientação do Prof. Dr. José de Faria Costa, na Universidade de Coimbra, em Portugal.

A continuidade de uma tal leitura do direito penal, durante os trabalhos pós-doutorais, apenas reforçou uma compreensão que eu já dispunha. A filosofia, por um lado, não pode saber mais dos fenômenos jurídico-penais que o próprio direito penal; mas, por outro lado, pode a filosofia, sim, ao tratar das condições de possibilidade do direito penal, oferecer-lhe um fundamento, lançando luzes na escuridão dos pressupostos normalmente não discutidos.

Essa consciência, reforçada em clareza e enriquecida em repertório, poderia ser descrita como uma depuração da leitura filosófica que, antes, eu fazia do direito penal. Essa compreensão de coisas, hoje, leva-me, em primeiro lugar, a pensar diferentes possibilidades de uma compreensão pós-finalista e não-funcionalista do direito penal e, em segundo lugar, leva-me a questionar o que a filosofia, enquanto busca das condições de possibilidade, pode propriamente oferecer ao direito penal.

Essa última questão, aliás, parece ter sido quase que inteiramente ignorada pela tradição, que – em linha de regra – trilhava por dois caminhos. Por um ou por outro: ou sumariamente rejeitava o "uso" da filosofia no direito penal, ou a "utilizava" com a pretensão de transformá-la em um incremento técnico para a dogmática jurídico-penal.

Hoje, mais que nunca, percebo toda a inocência teórica que envolve a pretensão de se achar que a filosofia possa saber mais dos fenômenos jurídico-penais que o próprio direito penal. É claro que muitas vezes essa "inocência teórica" nada mais é que a falta de honestidade intelectual, mas aí estamos frente a uma outra questão.

— V —

Vale fazermos um esclarecimento sobre o fenômeno imediatamente referido. Segundo o filósofo alemão Ernest Tugendhat, esta seria a única virtude verdadeiramente exigível no trabalho intelectual: a indispensável e – hoje, por vezes – cara "honestidade intelectual". Tugendhat descreve o fenômeno da seguinte forma: "Fala-se em honestidade intelectual quando uma pessoa não finge saber mais do que sabe e quando ela se esforça para não considerar suas opiniões mais fundamentadas do que elas são". (Tugendhat, *Egozentrizität und Mystik,* 2003. p. 79).

Eu acrescentaria, ainda, que não basta não fingir "saber mais do que sabe", é necessário, também, não fingir não saber aquilo que se sabe. Mas esse segundo nível da honestidade intelectual (acredito que possamos chamar assim) está em uma esfera de exigência mais elevada. Talvez já pudéssemos nos dar por satisfeitos se não houvesse "brincadeiras" com a filosofia no direito.

O que quero chamar atenção, sobretudo, com essa incursão no conceito de honestidade intelectual, a partir do reconhecimento dos limites do "uso" da filosofia no direito penal, é que precisamos iniciar o trabalho de pensar filosoficamente o direito penal com um inescapável, mas saudável, desencantamento. A filosofia não poderá diretamente resolver os problemas do direito penal, a sua contribuição se dará, inevitavelmente, em outro registro, que – de diferentes formas, em diferentes níveis – pretendemos apresentar ao longo do presente trabalho.

Porto Alegre, 12 de maio de 2019.

1. Introdução

(Sobre se estar entre o direito penal e a filosofia)

> Da mesma forma, aqueles que elogiam exclusivamente a experiência, não consideram que a experiência é apenas metade da experiência.
>
> (GOETHE, Johann Wolfgang von. *Goethes poetische und prosaische werke in zwei bänden [Band II]*, 1837. p. 632).

— I —

Para começarmos esclarecendo aquele que provavelmente será o principal elemento a ser compreendido no presente trabalho, que atravessa cada um dos textos e lhes confere unidade, valemo-nos de uma afirmação de Goethe: "a experiência é apenas metade da experiência".

A partir da reflexão do poeta, podemos descortinar a compreensão de que a experiência científica da dogmática jurídico-penal é apenas metade da experiência. Há uma outra metade, que diz respeito ao universo das condições de possibilidade, que já sempre precede e acompanha todo o operar da dogmática. Poderíamos escolher muitas formas para explicar esse fenômeno, utilizando diferentes termos para descrevê-lo na sua inteireza. A diversidade das referidas possibilidades de explicar e descrever o fenômeno constitui uma das conquistas do nosso esforço teórico dos últimos sete anos de trabalho intelectual.

A referida "outra metade da experiência", que antecipa todo o conhecimento da dogmática jurídico-penal, pode também ser compreendida – a partir do teorema da "diferença ontológica" – como a dimensão ontológica sempre pressuposta pela dimensão ôntica. Ainda, poderíamos descrever uma tal outra metade da experiência como o elemento especulativo que sustenta o elemento empírico (em sentido amplo), ou seja, a dimensão existencial que organiza a dimensão existenciária do lidar com objetos.

Se, em uma primeira perspectiva, acabamos de descrever a "outra metade da experiência" com o auxílio dos recursos teóricos de um dos dois teoremas fundamentais da fenomenologia hermenêutica, o teorema da "diferença ontológica", então, em uma segunda perspectiva, poderemos utilizar recursos do outro teorema: o teorema do "círculo hermenêutico". A outra metade da experiência científica da dogmática jurídico-penal está assentada na pré-compreensão, que poderia ser descrita como "a experiência da possibilidade de experiência" (Stein, *Pensar é pensar a diferença*, 2019. p. 78).

A pré-compreensão não poderá ser reduzida a um conhecimento de objeto, é ela que abre o espaço para a introdução da diferença entre ser e ente, insculpindo o nosso modo de ser no mundo. Os dados sensíveis, assim, apenas podem vir ao nosso encontro porque desde sempre nos compreendemos, compreendemos o ser e, consequentemente, podemos compreender os objetos da empiria. Reconhece-se, inevitavelmente, uma relação: o conhecimento científico da dogmática, nesse contexto, já está desde sempre atingido por um conhecimento existencial, uma rede de compreensão que o antecede.

— II —

Estar entre o direito penal e a filosofia, aqui, tem o sentido de se buscar desvelar pressupostos filosóficos do direito penal, sem, no entanto, ter de analisar, necessariamente, temas considerados clássicos para a filosofia penal, como, por exemplo, aqueles que giram em torno da pergunta "por que punimos?". Movemo-nos, assim, em um horizonte teórico propriamente especulativo, buscando-se um distanciamento da objetificação por meio de um olhar não dogmático sobre pressupostos do direito penal – pressupostos estes que, normalmente, são assumidos de um modo não consciente.

O que está em causa, ao fundo, é uma relação teórica mais fundamental que simplesmente aquela entre direito penal e filosofia: estamos frente a um solo fenomenológico desvelado a partir da relação entre filosofia e ciência. É no modo de acontecer a relação entre filosofia e ciências humanas que se descortinam as possibilidades de pensarmos filosoficamente o direito penal. As ciências humanas possuem regiões de proximidade com a filosofia, a começar com a questão do objeto. A filosofia, assim como as ciências humanas, não possui objetos materiais, mas apenas objetos formais, o que denuncia uma similar vocação, em ambos os campos teóricos, para as análises distantes da objetificação naturalista (própria das ciências naturais), para além do fato de que nas ciências humanas, também, os instrumentos hermenêuticos se fazem presentes (interpretar e compreender).

Nesse contexto, a fundamentação das hipóteses perseguidas pela filosofia, bem como pelas ciências humanas, são como que narrativas, já que não poderão ser "comprovadas em laboratório". Não sendo possível a comprovação em laboratório das hipóteses perseguidas, vingará a melhor narrativa: a mais bem construída, com a maior riqueza de detalhes e pautada pelo melhor grau de razoabilidade. É claro que os objetos da filosofia são ainda mais abstratos que os objetos das ciências humanas, são objetos formais por excelência, mas o que devemos ter por claro é que a diferença essencial entre filosofia e ciências humanas não está assentada na diferença entre os seus objetos.

— III —

Interessa-nos, apesar da proximidade referida, pensar a diferença que há entre as análises empreendidas pela ciência do direito penal, a dogmática, e pela filosofia aplicada ao direito penal. Indubitavelmente, há aí uma diferença não apenas terminológica, mas de racionalidade, de linguagem propriamente dita, deixando-se mostrar a dupla estrutura da linguagem: enquanto o direito penal precisará utilizar a linguagem empírica (a dimensão apofântica), a filosofia utilizará a linguagem especulativa (a dimensão hermenêutica). E não caberá à ciência do direito penal sinalizar para as diferenças entre as diferentes racionalidades, as diferentes linguagens, para as diferenças entre a dimensão apofântica e a dimensão hermenêutica. Esta é uma tarefa para a filosofia, para o pensar filosófico, que leva Stein a nos mostrar que "pensar é pensar a diferença", a diferença entre o especulativo (filosófico) e o empírico (científico), e que levou Heidegger a sustentar que "a ciência não pensa" (*die Wissenschaft denkt nicht*).

Ao pensarmos a diferença – entre o especulativo (filosófico) e o empírico (científico), já, portanto, no âmbito do pensar filosófico – somos levados a perceber um solo comum aos dois registros teóricos, decorrente da chamada "diferença ontológica" (diferença entre ser e ente): o processo da pré-compreensão. Ele é "condição de possibilidade de qualquer acesso do conhecimento científico a seus objetos" (Stein, *Pensar é pensar a diferença*, 2019. p. 19), ele precede e acompanha todo o conhecimento, antecipando todo o operar da compreensão. A reflexão da dogmática jurídico-penal, assim, já é sempre precedida por esse acompanhamento prévio. Reconhece-se, desse modo, uma vinculação constante entre o pensar científico e o pensar filosófico, que constitui uma premissa fundamental, materializada no teorema do círculo hermenêutico.

Precisaremos desvelar os afloramentos dessa premissa na relação entre direito penal e filosofia. Essa é uma tarefa assumida no presente volume e que, notadamente, confere unidade a ele.

— IV —

É claro que estamos nos movendo em um solo teórico que é interdisciplinar por excelência. Mas não se trata, aqui, daquela interdisciplinaridade que já foi definida por estudiosos como a "interdisciplinaridade de final de semana": a interdisciplinaridade em que pesquisadores de áreas distintas informam uns aos outros sobre o seu trabalho científico, sem que aja verdadeiramente qualquer acréscimo intelectual nas suas pesquisas. Essa interdisciplinaridade que não se preocupa em estabelecer verdadeiras pontes entre as margens de distintos campos teóricos, como já tivemos a oportunidade de em outros lugares referir, para nós, é "a infantilização da interdisciplinaridade" (Teixeira Neto, *Relatório de atividades*, 2018. p. 456).

A interdisciplinaridade, que toma corpo no presente trabalho, constitui uma forma de empreender inovação na dogmática jurídico-penal. Ela receberá, assim, da filosofia, uma ampliação quanto ao seu universo de pressupostos, constituindo um espaço de questionamento das antigas certezas do saber dogmático. E a razão de ser dessa ampliação passa ao largo de uma qualquer possível superioridade da reflexão filosófica, que a levaria ao isolamento, constituindo a própria negação do trabalho interdisciplinar. A possibilidade da referida ampliação do universo de pressupostos da dogmática decorre do próprio modo de proceder da reflexão filosófica. Ele não é nem melhor, nem pior que o modo de proceder da dogmática. Mas é diferente, já que percorre o caminho especulativo das condições de possibilidade.

— V —

É preciso dizer que o empreendimento teórico que começa a ser desenhado, nessas primeiras linhas, insere-se dentro de uma abrangente tradição que buscou a relação entre direito e filosofia ou, se preferirmos, entre filosofia e direito. O interesse filosófico pelas questões do mundo do direito, pode-se dizer, foi conatural ao desenvolvimento da filosofia, da antiguidade aos dias de hoje.

Se é bem verdade que um tal interesse foi colocado em uma espécie de panteão da reflexão jurídico-filosófica no seio do idealismo alemão, com Kant, Fichte, Schelling e Hegel, não é menos verdade que a busca pela relação entre direito e filosofia teve também tempos áureos, ainda que em distintos graus de intensidade, em outros diferentes momentos históricos, como no início da escola histórica com Dilthey, para além de expressivas contribuições, já no paradigma hermenêutico, com G. Husserl, Maihoffer e A. Kaufmann, dentre tantos outros.

Não obstante o panorama descrito, vivemos tempos que desafiam a sobrevivência do pensar filosófico no direito. Uma série de marcas que constituem o nosso "amplo presente" condicionam essa realidade. Valendo-nos de recursos filosóficos que foram legados pela tradição analítico-existencial, sabendo-nos situados dentro do paradigma hermenêutico, o nosso esforço teórico, neste trabalho, dá-se na clave de um apelo pela continuidade da reflexão que medita sobre as coisas do direito penal, pois – já com Hegel – aprendemos: "quando as sombras da noite começam a cair é que levanta voo o pássaro de Minerva" (Hegel, *Grundlinien der Philosophie des Rechts*, 1973. p. 74).

Porto Alegre, 14 de outubro de 2019.

2. Para pensar a possibilidade de uma compreensão analítico-existencial do direito penal

— I —

Ao nos situarmos no seio do paradigma hermenêutico,[1] movendo-nos na busca de uma compreensão pós-finalista não-funcionalista do direito penal, com razões fortes, podemos vislumbrar a possibilidade de empreendermos uma compreensão analítico-existencial do direito penal. Vale por se dizer: uma compreensão ou fundamento do direito penal que seja desenvolvido a partir de um quadro teórico analítico-existencial.

O que aqui queremos significar por quadro teórico analítico-existencial poderia ser descrito como o conjunto dos elementos de caráter fenomenológico-hermenêutico, extraídos da ontologia fundamental,[2] que poderão orientar "o desenvolvimento e a exposição de uma teoria",[3] no âmbito do direito penal.

Não se trata, portanto, de aplicação direta da filosofia existencial ao direito penal, mas, sim, da utilização dos seus melhores recursos teóricos para desvelarmos um universo das condições de possibilidade da dogmática jurídico-penal, ou seja, para desvelarmos a outra "metade da experiência":[4] a metade especulativa.[5]

---

[1] STEIN, Ernildo. *A caminho do paradigma hermenêutico*: ensaios e conferências. 2ª ed. Ijuí: Unijuí, 2017. p. 229.

[2] HEIDEGGER, Martin. *Sein und Zeit*. Tübingen: Max Niemeyer Verlag, 2006. 41 e seg.

[3] PUNTEL, Lorenz. *Struktur und Sein*. Tübingen: Verlag Mohr Siebeck, 2006. p. 29.

[4] GOETHE, Johann Wolfgang von. *Goethes poetische und prosaische werke in zwei bänden* [Band II], 1837. p. 632.

[5] Aquilo que Kaufmann chamaria de "caráter especulativo" (*spekulativer Einschlag*). (KAUFMANN, Arthur, "Rechtsphilosophie, Rechtstheorie, Rechtsdogmatik", *in:* KAUFMANN, Arthur; HASSEMER, Winfried (Orgs.). *Einführung in Rechtsphilosophie und Rechtstheorie der Gegenwart*. Heidelberg: C.F Müller Juristischer Verlag, 1977. p. 4).

Nesse horizonte teórico, os recursos da analítica existencial não buscam solucionar problemas da dogmática jurídico-penal, mas promover a máxima conscientização do maior território possível de pressupostos normalmente encobertos. Essa conscientização, em um segundo momento, poderá resultar nas melhores escolhas teóricas em nível dogmático.

Muitas tentativas houve de empreender uma compreensão do direito penal a partir da filosofia existencial.[6] Tais tentativas contribuíram com a construção de um caminho que hoje, para nós, apresenta-se como possibilidade. Conseguimos, agora, com as vantagens de ser posterior,[7] identificar possibilidades teóricas não exploradas, linhas de compreensão que nos parecem mais comprometidas com as demandas próprias da relação entre direito e filosofia.

Chegar a essa consciência não nos foi possível antes de trilhar diferentes caminhos teóricos. Leitura, reflexão, interlocução e escrita foram os instrumentos que utilizamos para a construção de um arsenal técnico[8] que permitisse o desenvolvimento da compreensão que ora se apresenta.

— II —

A assunção de uma compreensão analítico-existencial do direito penal traz, inevitavelmente, o desvelamento de uma imagem de homem pressuposta no operar dogmático. O homem, nesse horizonte de compreensão, é o *Dasein*,[9] constituído desde sempre pela autocompreensão de ser-no-mundo,[10] pela compreensão de ser-com-os-outros,[11] e

[6] Ver, por todos: MAIHOFER, Werner. *Recht und Sein*: Prolegomena zu einer Rechtsontologie. Frankfurt am Main: Vittorio Klostermann, 1954; HUSSERL, Gerhart. *Recht und Zeit*: Fünf rechtsphilosophische Essays. Frankfurt am Main: Vittorio Klostermann, 1964; HUSSERL, Gerhart. Recht und Welt: Rechtsphilosophische Abhandlungen. Frankfurt am Main: Vittorio Klostermann, 1964; HEINEMANN, Walter. *Die Relevanz der Philosophie Martin Heideggers für das Rechtsdenken*. [Inaugural-Dissertation]. Freiburg: Albert-Ludwigs-Universität zu Freiburg im Breisgau, 1970; WULFF, Agnes. *Die Existenziale Schuld*: Der fundamentalontologische Schuldbegriff Martin Heideggers und seine Bedeutung für das Strafrecht. Berlin: LIT Verlag, 2008; COSTA, José de Faria. *O perigo em direito penal* [contributo para a sua fundamentação e compreensão dogmáticas]. Reimpressão. Coimbra: Coimbra Editora, 2000.

[7] "Estimar" e "avaliar diferentemente" são vantagens apontadas por Bloom. (BLOOM, Harold. *Um mapa da desleitura*. Trad. Thelma Médici Nóbrega. Rio de Janeiro: Imago Editora, 1995. p. 16).

[8] A nossa tese doutoral, muito embora já não reflita o nosso mais atual progresso intelectual, constituiu parte do caminho percorrido para a construção do referido "arsenal técnico". (TEIXEIRA NETO, João Alves. *Tutela penal de animais*: uma compreensão onto-antropológica. Porto Alegre: Livraria do Advogado, 2017).

[9] HEIDEGGER, Martin. *Sein und Zeit*. Tübingen: Max Niemeyer Verlag, 2006. p. 7 e seg.

[10] *Ib idem*. p. 52 e seg.

[11] *Ib idem*. p. 117 e seg.

– como consequência, mas também como causa, em virtude da boa circularidade –[12] pela compreensão do próprio ser. Esse ente, privilegiado pelo existencial da compreensão,[13] é o epicentro da discursividade jurídico-penal. Por ele e para ele são construídas as normas jurídico-penais historicamente situadas em cada sistema jurídico.

Falar sobre o ente privilegiado da discursividade jurídico-penal implica reconhecer que ele já opera, desde sempre, em dois níveis, identificados na "diferença ontológica":[14] (i) um nível ôntico, empírico, que se manifesta no seu operar com objetos e, portanto, está ligado ao seu modo de relação com os entes; mas, também, (ii) um nível ontológico, especulativo, que se manifesta na sua pré-compreensão existencial que antecede o seu operar com objetos e, portanto, está ligado ao seu modo de relação com o ser dos entes.[15]

— III —

Colocar as coisas nesse horizonte permite-nos antever possíveis consequências teóricas para a dogmática jurídico-penal. Uma compreensão analítico-existencial do direito penal desvela pressupostos em nível especulativo que podem atravessar a "barreira" do empírico e implicar avanços no desenvolvimento de categorias dogmáticas. Esse movimento do especulativo ao empírico, ampliando as possibilidades de interpretação da dogmática, para nós, traduz da melhor forma a ideia de se estabelecerem "pontes" entre o direito penal e a filosofia.[16]

As referidas "pontes", nesse contexto, não teriam nem uma espécie de caráter ornamental ou "decorativo", antes, constituiriam um modo de se trabalhar as coisas do direito penal por meio de recursos que transcendem as possibilidades teóricas da dogmática, inevitavelmente apontando para a direção de um ganho.

O ganho que a dogmática jurídico-penal receberia da analítica existencial, desse modo, não constituiria uma vantagem operativa de

---

[12] STEIN, Ernildo. *Compreensão e finitude*: estrutura e movimento da interpretação heideggeriana. 2ª ed. rev. Ijuí: Unijuí, 2016. p. 267 e seg.

[13] HEIDEGGER, Martin. *Sein und Zeit*. Tübingen: Max Niemeyer Verlag, 2006. p. 142 e seg.

[14] HEIDEGGER, Martin. *Die Grundprobleme der Phänomenologie*. Frankfurt am Main: Vittorio Klostermann,1975. p. 322 e seg.

[15] STEIN, Ernildo. *Pensar é pensar a diferença*: filosofia e conhecimento empírico. 3ª ed. Porto Alegre: Livraria do Advogado, 2019. p. 18 e 19.

[16] Faria Costa fala na ideia de uma "ponte" entre o direito penal e a filosofia penal, com o significado de um "lugar de união" entre as "duas ordens de reflexão". (COSTA, José de Faria. *Linhas de Direito Penal e Filosofia*: alguns cruzamentos reflexivos. Coimbra: Coimbra, 2005. p. 208).

caráter prático. Ao menos não diretamente. Esse ganho se mostra no alargamento consciente de um arsenal teórico que sustenta a construção das categorias dogmáticas.

Por um lado, poderíamos falar na identificação de problemas para a dogmática, que a própria dogmática normalmente não estaria apta a identificar. Por outro lado, poderíamos falar no desvelamento das condições de possibilidade, que seriam condições para pensar as próprias possibilidades de abordagem dos objetos da dogmática ou, se preferirmos, os critérios de racionalidade científica do direito penal.

Falar em compreensão analítico-existencial do direito penal é reconhecer camadas de fenômenos ligados ao direito penal que escapam ao saber dogmático, sem que isso necessariamente constitua uma desvantagem para a dogmática. O fato de a dogmática não ser vocacionada a perceber camadas encobertas, de fenômenos ligados ao seu objeto, poderá ser reconhecido como a louvável possibilidade de que ela se introduza em um campo determinado de objetos e ali solucione problemas de repercussão prática.[17]

— IV —

Preferimos não falar em uma teoria analítico-existencial do direito penal, pois em verdade se trata de uma compreensão analítico-existencial. Para nós, os modos de se ler o direito penal por meio de aportes da filosofia, em regra, não constituem teorias, mas, sim, compreensões. As teorias, quando tocam âmbitos científicos, normalmente precisam se comprometer com alguma espécie de repercussão prática dos seus achados. Entretanto, a referida repercussão nem sempre pode ser diretamente identificada quando nos movemos no âmbito da filosofia do direito penal.

Quando nos movemos no âmbito da filosofia do direito penal estamos, em verdade, movendo-nos dentro de um paradigma filosófico, estamos explicitando ontologias implícitas ou, se preferirmos, pressupostos ontológicos implícitos que ampliarão a consciência sobre o lugar do direito penal. Essa explicitação – e, consequente, ampliação – não terá a tarefa de legitimar o direito penal, mas de melhor entendê-lo a partir de uma operação de sentido.

A explicitação de alguns pressupostos ontológicos do direito penal poderá constituir uma conquista irrenunciável. Ao reconhecermos

[17] Heidegger descreve as vantagens de a ciência não pensar ao modo filosófico. (HEIDEGGER, Martin. *Was heißt Denken?* Stuttgart: Reclam, 1992. p. 8).

que o epicentro do direito penal – o homem, o aí do ser – é o único espaço de abertura para pensar a realidade do próprio direito penal, colocamo-nos em um caminho sem volta. Suprimindo o humano, não resta qualquer franja de discursividade jurídico-penal. Por meio da analítica existencial, percebemos que o epicentro do direito penal não poderá ser explicado por um sistema absoluto, pois a tentativa de explicar o ser humano por meio de outra coisa, ignorando que ele é o único espaço de fixação da racionalidade, implicará narrativas existencialmente inconsistentes. Dispondo dessa compreensão, podemos eliminar muitas ilusões de absolutização.

— V —

Ao falarmos de pressupostos ontológicos do direito penal, somos levados a identificar, a partir da analítica existencial, possibilidades para o desvelamento de alguns vetores de racionalidade da dogmática jurídico-penal. Um específico pressuposto, já aqui, salta-nos aos olhos, como um exemplo emblemático, não por ter sido massivamente enfrentado por autores de alguma forma ligados ao chamado "existencialismo jurídico",[18] como efetivamente o foi, mas por ser uma condição de possibilidade central para o direito penal: a culpa.[19]

O trabalho de Agnes Wulf, intitulado "A culpa existencial: o conceito de culpa ontológico-fundamental de Martin Heidegger e o seu significado para o direito penal",[20] mesmo na sua notável fragilidade teórica, deve ser reconhecido como o maior esforço intelectual, de que temos notícia, em uma específica obra, a tentar desvelar, a partir da analítica existencial, a culpa enquanto pressuposto ontológico do direito penal. Se, por um lado, os limites do trabalho de Wulf não nos ajudam muito em termos de progresso teórico, por outro lado, motivam-nos a desenvolver a temática com os recursos de que dispomos.

A considerar que a analítica existencial nos permite identificar o ser-culpado como uma instância prévia à culpabilidade jurídico-penal, percebe-se que não obstante essa mesma culpa se dar em uma esfera ôntica, ela encontra sustentação na estrutura ontológica do ser-aí, no seu modo-de-ser. Trata-se, aqui, de uma compreensão que aponta para o "como" da culpa, e não para o seu "o quê".

[18] Castanheira Neves fala em "existencialismo jurídico". (NEVES, A. Castanheira. *A crise actual da filosofia do direito no contexto da crise global da filosofia*: tópicos para a possibilidade de uma reflexiva reabilitação. Coimbra: Coimbra Editora, 2003. p. 39).

[19] HEIDEGGER, Martin. *Sein und Zeit*. Tübingen: Max Niemeyer Verlag, 2006. p. 280 e seg.

[20] WULFF, Agnes. *Die Existenziale Schuld*: Der fundamentalontologische Schuldbegriff Martin Heideggers und seine Bedeutung für das Strafrecht. Berlin: LIT Verlag, 2008.

Devemos ter presente que essa compreensão poderá oferecer, para a dogmática jurídico-penal, novas possibilidades de se compreender o princípio da culpabilidade, distantes de articulações teóricas "artificiais" ou "caricatas". Se, por um lado, a compreensão existencial da culpa amplia o horizonte de análise do princípio da culpabilidade, então, por outro lado, ela sugere limites à culpabilidade jurídico-penal.

Os limites referidos passam pela ideia de que somente poderá ser reconhecido como culpado aquele ente que possui o existencial da culpa: o ser-culpado. Falar em culpa de um ente que não possui o modo-de-ser do ser-aí seria uma forma alegórica de se descrever a culpabilidade jurídico-penal.

Este breve direcionamento do olhar analítico-existencial para a culpabilidade jurídico-penal tem a intenção de realizar, aqui, apenas, uma sinalização sútil, uma abertura, já que o desenvolvimento completo de uma tal forma de compreensão não poderá se dar neste trabalho, devido aos seus óbvios limites. Mas, aqui, apresenta-se a ideia, a direção que move a nossa reflexão e, ao mesmo tempo, o desvelamento de um caminho que, em uma primeira perspectiva, revela a dimensão itinerante da nossa interrogação – inevitável marca do método fenomenológico-hermenêutico – e, em uma segunda perspectiva, torna possível o empreendimento de articulações teóricas futuras.

Porto Alegre, 28.10.2019.

Referências

BLOOM, Harold. *Um mapa da desleitura*. Trad. Thelma Médici Nóbrega. Rio de Janeiro: Imago Editora, 1995. p. 16.

COSTA, José de Faria. *Linhas de Direito Penal e Filosofia*: alguns cruzamentos reflexivos. Coimbra: Coimbra, 2005.

——. *O perigo em direito penal* [contributo para a sua fundamentação e compreensão dogmáticas]. Reimpressão. Coimbra: Coimbra Editora, 2000.

GOETHE, Johann Wolfgang von. *Goethes poetische und prosaische werke in zwei bänden* [Band II], 1837.

HEIDEGGER, Martin. *Die Grundprobleme der Phänomenologie*. Frankfurt am Main: Vittorio Klostermann,1975.

——. *Sein und Zeit*. Tübingen: Max Niemeyer Verlag, 2006.

——. *Was heißt Denken?* Stuttgart: Reclam, 1992.

HEINEMANN, Walter. *Die Relevanz der Philosophie Martin Heideggers für das Rechtsdenken*. [Inaugural-Dissertation]. Freiburg: Albert-Ludwigs-Universität zu Freiburg im Breisgau, 1970

HUSSERL, Gerhart. *Recht und Welt: Rechtsphilosophische Abhandlungen*. Frankfurt am Main: Vittorio Klostermann, 1964

——. *Recht und Zeit: Fünf rechtsphilosophische Essays*. Frankfurt am Main: Vittorio Klostermann, 1964

MAIHOFER, Werner. *Recht und Sein*: Prolegomena zu einer Rechtsontologie. Frankfurt am Main: Vittorio Klostermann, 1954

NEVES, A. Castanheira. *A crise actual da filosofia do direito no contexto da crise global da filosofia*: tópicos para a possibilidade de uma reflexiva reabilitação. Coimbra: Coimbra Editora, 2003.

PUNTEL, Lorenz. *Struktur und Sein*. Tübingen: Verlag Mohr Siebeck, 2006.

STEIN, Ernildo. *A caminho do paradigma hermenêutico*: ensaios e conferências. 2ª ed. Ijuí: Unijuí, 2017.

——. *Compreensão e finitude: estrutura e movimento da interpretação heideggeriana*. 2ª ed. rev. Ijuí: Unijuí, 2016.

——. *Pensar é pensar a diferença*: filosofia e conhecimento empírico. 3ª ed. Porto Alegre: Livraria do Advogado, 2019.

TEIXEIRA NETO, João Alves. *Tutela penal de animais*: uma compreensão onto-antropológica. Porto Alegre: Livraria do Advogado, 2017

KAUFMANN, Arthur, "Rechtsphilosophie, Rechtstheorie, Rechtsdogmatik", *in:* KAUFMANN, Arthur; HASSEMER, Winfried (Orgs.). *Einführung in Rechtsphilosophie und Rechtstheorie der Gegenwart*. Heidelberg: C.F Müller Juristischer Verlag, 1977.

WULFF, Agnes. *Die Existenziale Schuld*: Der fundamentalontologische Schuldbegriff Martin Heideggers und seine Bedeutung für das Strafrecht. Berlin: LIT Verlag, 2008.

3. Sobre o fundamento onto-antropológico do direito penal: contribuições à compreensão do quadro teórico de Faria Costa

— I —
Por que um ensaio sobre o fundamento onto-antropológico do direito penal?

Por que escrever um ensaio sobre o fundamento onto-antropológico do direito penal numa tentativa de introduzir o leitor ao quadro teórico de Faria Costa? Essa não é uma questão com apenas uma resposta. Vários motivos me levam a assumir uma tal tarefa.

Em primeiro lugar, Faria Costa se destaca por sua original compreensão do direito penal, uma compreensão onto-antropológica,[21] que ganha lugar nas tentativas de fundamentação pós-finalistas não-funcionalistas do direito penal, conquistando cada vez mais adeptos, tanto em Portugal, quanto no Brasil.[22]

Em segundo lugar, o fundamento onto-antropológico é um modo de compreender as coisas do direito penal que goza de certa "sofisti-

[21] Faria Costa desenvolveu originariamente o fundamento onto-antropológico – ou, se preferirmos, a compreensão onto-antropológica – do direito penal em sua tese de doutoramento, defendida na Universidade de Coimbra, intitulada "O perigo em direito penal (contributo para a sua fundamentação e compreensão dogmáticas)", publicada em sua primeira edição no ano de 1992.

[22] É possível, hoje, identificarmos uma grande quantidade de trabalhos que procuraram tomar o fundamento onto-antropológico do direito penal como quadro teórico para o seu desenvolvimento. Referem-se, aqui, alguns dos mais recentes: SCHMIDT, Andrei Zenkner. *Direito penal econômico*: parte geral. 2ª ed. Porto Alegre: Livraria do Advogado, 2018; TEIXEIRA NETO, João Alves. *Tutela penal de animais*: uma compreensão onto-antropológica. Porto Alegre: Livraria do Advogado, 2017; BUONICORE, Bruno Tadeu. *Culpabilidade e fundamentos filosóficos*: compreensão do conteúdo material à luz do conceito onto-antropológico. Curitiba: Juruá, 2017; CAETANO, Matheus Almeida. *Os delitos de acumulação no direito penal ambiental*. São Paulo: Pillares, 2016; MOURA, Bruno. *Ilicitude penal e justificação*: reflexões a partir do ontologismo de Faria Costa. Coimbra: Coimbra Editora, 2015.

cação teórica"[23] e, por conta disso, algumas vezes, acaba por não ser inteiramente entendido, resultando em interpretações que empobrecem o seu potencial heurístico.

Em terceiro lugar, por ter trabalhado com o fundamento onto-antropológico do direito penal durante alguns anos, sobretudo em minha tese de doutoramento, motivo que na ocasião me levava até Coimbra para receber a orientação do Prof. Faria Costa. Sinto-me hoje, depois de algum caminho percorrido, muito mais que antes, preparado para uma tal tarefa.

— II —
Por que uma leitura própria do fundamento onto-antropológico do direito penal?

É claro que, hoje, tenho a minha própria leitura do fundamento onto-antropológico do direito penal e, inevitavelmente, na tarefa aqui assumida, não poderei deixar de apresentar a referida teoria, também, por meio de um repertório próprio que fui desenvolvendo com o passar dos anos. Esse repertório traduz um modo particular de compreender a dimensão especulativa, transcendental (não-clássica), estruturante, na análise filosófica das coisas do direito penal.

Falamos em um modo de compreender, mas poderíamos falar em um modo de trabalho. Esse modo de trabalho, interessado em fazer mais que resumos de um determinado autor, já revela uma forma de ver o fundamento onto-antropológico. Não considero importante a criação ou consolidação de "escolas penais onto-antropológicas". As possibilidades teóricas surgidas a partir da compreensão onto-antropológica do direito penal, certamente, são muito mais ricas que a criação de pequenos grupos de trabalho que, não raramente, passam a considerar que teriam encontrado a "última palavra" em termos de compreensão teórica.

A compreensão onto-antropológica do direito penal oferece diversas possibilidades de caminhos teóricos a seguir. Estando em um registro especulativo,[24] ela não foi desenvolvida para se tornar cânone. A considerar o quadro teórico de Faria Costa, podemos perceber

[23] Por "sofisticação teórica" queremos significar a utilização de um quadro referencial teórico composto por elementos metadogmáticos não usuais, como aqueles buscados, sobretudo, na filosofia existencial heideggeriana.

[24] Kaufmann, ao tratar da filosofia do direito, fala em "caráter especulativo" (*spekulativer Einschlag*), enquanto Stein fala em "elemento especulativo". (KAUFMANN, Arthur, "Rechtsphilosophie, Rechtstheorie, Rechtsdogmatik", *in:* KAUFMANN, Arthur; HASSEMER, Winfried (Org.). *Einführung in Rechtsphilosophie und Rechtstheorie der Gegenwart*. Heidelberg: C.F Müller

que a mesma força teórica encontrada no "cuidado" heideggeriano, leva o fundamento onto-antropológico do direito penal – aberto à historicidade e, portanto, marcado pelo inacabamento – a se servir da condição de "ciência procurada" (*episteme zetoumene*).[25] A incompletude, aqui, não é uma deficiência, mas um modo de ser que possibilita o aprimoramento contínuo, pelos mais diversos caminhos teóricos, a lembrar que "tudo é caminho" (*Alles ist Weg*).[26]

Sem essa consciência corremos o risco de nos tornarmos "papagaios" de teorias, que – ao simples e incansavelmente repetir, consagrando o "mesmismo" – mortificam as maiores bondades das melhores compreensões, quais sejam, as possibilidades teóricas de conjeturar novos horizontes. Esses novos horizontes poderão acenar para outras perspectivas de inovação na dogmática jurídico-penal.

Mas a tomada dessa consciência exige que nos afastemos das *zonas de conforto teórico*, aquelas que nos desobrigam a pensar, já que dispomos de um autor que por nós pensou. Afastar-nos dessas zonas de conforto nos obriga, em via de consequência, a buscar – com os nossos próprios esforços teóricos, e despidos de qualquer arrogância *ex professo* – aquilo que o autor já conquistou: um verdadeiro "quadro referencial teórico".[27] Somos obrigados, assim, a abandonar os pseudossentimentos de "conforto" e "proteção" por estarmos dentro de um universo teórico acabado e, portanto, sumamente seguro.

É claro que a miséria intelectual é um combustível que alimenta e mantém as referidas *zonas de conforto teórico*, mas nem sempre ela é a única responsável por essa espécie de "preguiça de pensar". Às vezes, outros motivos podem levar à estagnação teórica, como, por exemplo, o velado sobreinteresse – ou mesmo exclusivo interesse – por outras atividades distantes do trabalho intelectual em sentido estrito.

Juristischer Verlag, 1977. p. 4; STEIN, Ernildo. *Exercícios de fenomenologia*: limites de um paradigma. Ijuí: Unijuí, 2004. p. 146).

25 Stein identifica um caminho teórico na metafísica aristotélica, em que a ontologia poderá ser compreendida como "ciência procurada" (STEIN, Ernildo. *Às voltas com a metafísica e a fenomenologia*. Ijuí: Unijuí, 2014. p. 39). HEIDEGGER, nesse mesmo sentido, já esboçava uma interpretação da "ciência procurada": "Filosofia como filosofia primeira possui, portanto, um duplo caráter, ela é ciência do ser e ciência do Supremo. A πρώτη φιλοσοφία é a ἐπιστήμη ζητουμένη: a ciência procurada; aquela de que nunca se pode tomar posse definitiva e, como tal, apenas precisa ser levada adiante; ela é, antes, a ciência que só pode ser conquistada, se cada vez é procurada de novo; ela é justamente uma ousadia, um 'mundo invertido'; isto é, o autêntico compreender do ser sempre deve ele mesmo ser primeiro conquistado". (HEIDEGGER, Martin. *Metaphysische Anfangsgründe der Logik*. Frankfurt am Main: Vittorio Klostermann, 1978. p. 13).

26 HEIDEGGER, Martin. *Unterwegs zur Sprache*. Frankfurt am Main: Vittorio Klostermann, 1985. p. 198.

27 Utilizamos o conceito de "quadro referencial teórico" desenvolvido por Puntel. (PUNTEL, Lorenz. *Struktur und Sein*. Tübingen: Verlag Mohr Siebeck, 2006. p. 29).

Entretanto, são opções que podemos fazer e não há nada errado nisso, desde que a "honestidade intelectual"[28] nos impeça de ludibriarmos os nossos pares.

Por que uma leitura própria do fundamento onto-antropológico do direito penal? Para que o trabalho teórico possa avançar por meio da reflexão e das discussões interessadas,[29] para que novas possibilidades teóricas possam surgir e para que a miséria intelectual não mate as sementes das novas perspectivas de inovação na dogmática jurídico-penal.[30]

— III —
A linguagem especulativa (filosófica) da compreensão onto-antropológica

O fundamento onto-antropológico do direito penal poderia ser descrito como um modo de compreender o fenômeno jurídico-penal, ou os fenômenos jurídico-penais, se preferirmos. Fala-se, assim, em compreensão onto-antropológica do direito penal. Mas esse modo de compreender estaria munido de um olhar que – não obstante esteja direcionado às coisas do direito penal – está para além do nível da análise dogmática. Pode-se falar, aqui, em um nível de análise meta-dogmática, que transcende as fronteiras epistemológicas da ciência do direito penal e alcança um universo de conceitos especulativos, estruturantes, um universo que constitui aquilo que se chama de condições de possibilidade. Esse universo das condições de possibilidade já está no outro lado teórico da "ponte entre o direito penal e a filosofia",[31] está no âmbito da atitude do pensamento filosófico.

---

[28] Utilizamos o conceito de "honestidade intelectual" desenvolvido por Tugendhat. (TUGENDHAT, Ernest. *Egozentrizität und Mystik: Eine anthropologische Studie*. C. H. Beck Verlag: München, 2003. p. 79).

[29] Um exemplo de avanço no trabalho teórico, dentro do quadro onto-antropológico, pode-se ver em Moura. (MOURA, Bruno. *Ilicitude penal e justificação:* reflexões a partir do ontologismo de Faria Costa. Coimbra: Coimbra Editora, 2015).

[30] A compreensão de Stein sobre a inovação na filosofia nos ajuda a pensar a inovação na dogmática jurídico-penal. Para o autor, a inovação na filosofia se dá, sobretudo, por meio de trocas com as ciências, de um tal modo que a inovação não se dê numa via de mão única. A inovação seria mútua, alcançando tanto a filosofia, quanto a ciência que se coloque a dialogar com ela, como, por exemplo, a ciência do direito penal. (STEIN, Ernildo. *Inovação na filosofia*. Ijuí: Unijuí, 2011. p. 18).

[31] Estamos nos valendo, nessa passagem, de uma imagem que poderia ser considerada central no pensamento de Faria Costa, a figura da "ponte entre o direito penal e a filosofia". (COSTA, José de Faria. Uma ponte entre o direito penal e a filosofia penal: lugar de encontro sobre o sentido da pena. *Linhas de direito penal e de filosofia*: alguns cruzamentos reflexivos. Coimbra: Coimbra Editora, 2005).

O universo das condições de possibilidade é constituído por uma linguagem própria, que normalmente está distante do saber dogmático. Por essa razão, pode-se observar, na escrita de Faria Costa, a introdução de um novo repertório, um instrumental de conceitos e categorias que, em regra, são estranhos à dogmática jurídico-penal.

São utilizados, pelo autor, termos e expressões como "*Sorge*" (cuidado), "relação comunicacional", "teia de cuidado-de-perigo", "fragilidade do ser-aí diferente", "matriz onto-antropológica", "razão hermenêutica", "historicidade", "ser-com-os-outros", "pré-compreensão", "modos-de-ser do direito", "estrutura do ser-aí", apenas para referir alguns exemplos.[32]

Não é de estranhar que a obra de Faria Costa seja considerada "de difícil compreensão", levando-a, muitas vezes, a ser sumariamente rejeitada ou compreendida como a "quintessência" da dogmática jurídico-penal.[33] As dificuldades no contato com a linguagem nova, muitas vezes, conduzem à ocorrência desses fenômenos.

Entretanto, é fácil cairmos em um engodo e apontarmos para a perspectiva errada das dificuldades com a linguagem utilizada por Faria Costa. Ocorre que o autor – para além de toda a utilização da linguagem especulativa (filosófica), transcendental (não-clássica),[34] estruturante – dispõe de um notável cabedal linguístico, que o leva a utilizar palavras que normalmente integram o nosso vocabulário passivo da língua portuguesa (vocabulário incomum), como, por exemplo, "imorredoiramente", "acutilância", "atávica", "obnubilar", "sinalética", entre inúmeras outras.[35] Podemos imaginar que esse cabedal linguístico esteja de algum modo ligado ao trabalho literário de Faria Costa: ou sendo resultado da sua produção literária e poética ou sendo causa.[36]

---

[32] COSTA, José de Faria. *O perigo em direito penal* (contributo para a sua fundamentação e compreensão dogmáticas). Reimpressão. Coimbra: Coimbra Editora, 2000. p. 15, 54, 79, 148 e 153 [respectivamente].

[33] Pode-se dizer, explicando melhor, que a riqueza e a diferença da linguagem utilizada cobram um preço: a aparente obscuridade, que poderá resultar na incompreensão; enquanto que a incompreensão, por sua vez, poderá resultar na rejeição sumária ou na aceitação pueril.

[34] Por "transcendental não-clássico", que também poderia ser chamado de "transcendental não kantiano", queremos significar o "transcendental" fora do quadro teórico da subjetividade, que fora introduzido por Kant.

[35] COSTA, José de Faria. *O perigo em direito penal* (contributo para a sua fundamentação e compreensão dogmáticas). Reimpressão. Coimbra: Coimbra Editora, 2000. p. 15, 14, 19, 21 e 23.

[36] Faria Costa publicou uma série de obras no campo da literatura e poesia, como, por exemplo: *A Razão das Coisas* (2003), e *Cartas a Sofia* (2005). E, também, outras obras, só que assinadas com o *nomen fictum* Francisco d'Eulália: *Belém e outros escritos breves* (1999); *A cor da manhã* (2002); *A Raiz do Teu Gesto* (2006); *No Regaço da Memória* (2008); *Poesia & Minuscula Moralia* (2010); *66 Poemas e Onze Repetições* (2013).

Com essa constatação, somos levados a intuir que, muitas vezes, quando falamos nas dificuldades com a linguagem do autor, em virtude de um "rebuscamento" na escrita, estamos correndo o risco de nos enganarmos, permitindo que o "vocabulário incomum" – utilizado no texto e pouco utilizado no nosso dia a dia – venha eclipsar a nossa verdadeira dificuldade: o desconhecimento da linguagem especulativa (filosófica), a linguagem transcendental (não-clássica).

Não podemos deixar de interrogar, primeiramente, sobre a razoabilidade da eleição de uma tal linguagem especulativa (filosófica): seria adequado exigir do leitor da dogmática jurídico-penal o conhecimento de um universo de conceitos especulativos, transcendentais (não-clássicos), não-dogmáticos, que estão num âmbito das condições de possibilidade? Somos levados a deixar suspensa a resposta: sim e não.

Não poderíamos exigir, do leitor da dogmática jurídico-penal, o conhecimento de um universo de conceitos especulativos, transcendentais (não-clássicos), não-dogmáticos, que estão num âmbito das condições de possibilidade, se não reconhecermos a necessidade de renovação e inovação. Se a utilização de tais conceitos, portanto, tivesse tão somente o matiz de "uso ornamental" da filosofia no direito penal, então uma tal exigência não poderia se perfazer.

No entanto, se a utilização de tais conceitos estiver conduzida por uma pretensão de renovação e inovação na dogmática jurídico-penal, constituindo um instrumental necessário para desvelar e descrever elementos teóricos que normalmente escapam ao alcance do saber dogmático, então pareceria razoável exigir do leitor um esforço intelectual para além do positivo e que demande a busca de conhecimentos, para o direito penal, no âmbito da interdisciplinaridade.

— IV —
O papel da filosofia existencial de Martin Heidegger na compreensão onto-antropológica do direito penal

Falar sobre as possibilidades de "utilização" da filosofia de Heidegger no direito penal não raramente gera alguma forma de espanto ou, mesmo, escândalo nos interlocutores não iniciados nas compreensões existenciais do direito.[37] É comum que o interlocutor questione:

---

[37] Sobre as compreensões existenciais do direito, *vide*: MAIHOFER, Werner. *Recht und Sein*: Prolegomena zu einer Rechtsontologie. Frankfurt am Main: Vittorio Klostermann, 1954; HUSSERL, Gerhart. *Recht und Zeit*: Fünf rechtsphilosophische Essays. Frankfurt am Main: Vittorio Klostermann, 1964; HUSSERL, Gerhart. *Recht und Welt*: Rechtsphilosophische Abhandlungen. Frankfurt am Main: Vittorio Klostermann, 1964; HEINEMANN, Walter. *Die Relevanz der Philosophie Martin Heideggers für das Rechtsdenken*. [Inaugural-Dissertation]. Freiburg: Albert-Ludwigs-Uni-

Heidegger escreveu alguma coisa sobre o direito? Ou, ainda, já conhecendo um pouco da filosofia heideggeriana, partindo de uma premissa verdadeira, o interlocutor questiona: Heidegger não foi um jusfilósofo, não escreveu uma linha sobre o direito, então como seria possível utilizar a sua filosofia no direito penal? Outros interlocutores certamente iriam mais longe, perguntando: por que, ao invés de trabalhar com a filosofia de Heidegger no direito penal, não trabalhar com Kant ou Hegel? Alguns desses interlocutores buscariam justificar a sua posição, sustentando ser melhor trabalhar no direito penal com as filosofias do idealismo alemão, pois "tais filósofos até escreveram sobre a pena criminal (!)".

É necessário ter a clareza que a "utilização" de uma filosofia, de um conhecimento filosófico legado pela tradição, como instrumento que potencializará a reflexão sobre as coisas do direito penal, não implicará a necessidade de que ambos os registros teóricos, dogmático e filosófico, estejam ancorados na mesma temática.

Para pensarmos, por exemplo, a pena criminal, com o auxílio da filosofia, não precisaremos "utilizar" um conhecimento filosófico circunscrito especificamente no tema da pena criminal; poderemos utilizar outros recursos filosóficos, inscritos em temáticas diferentes daquela escolhida para a investigação, mas que terão condições de oferecer alguma forma de estruturação teórica.

Poderíamos, por exemplo, pensar a pena criminal a partir de uma específica "imagem de homem" (*Menschenbild*), legada por uma determinada filosofia que nada tenha de jusfilosofia, interessando ao registro teórico filosófico, hipoteticamente nesse caso, não especificamente a pena em si, mas o "ente humano"[38] que poderá receber ou mesmo aplicar uma pena. E, a partir desse conhecimento legado por essa determinada filosofia, um conhecimento que está no universo das condições de possibilidade, a dogmática poderia conquistar um aumento no grau de consciência dos pressupostos que normalmente estariam velados, possibilitando-se, num segundo nível de análise, já no âmbito da própria dogmática jurídico-penal, melhores escolhas teóricas, munidas de um maior potencial crítico.

---

versität zu Freiburg im Breisgau, 1970; WULFF, Agnes. *Die Existenziale Schuld*: Der fundamentalontologische Schuldbegriff Martin Heideggers und seine Bedeutung für das Strafrecht. Berlin: LIT Verlag, 2008. Castanheira Neves vai falar em "existencialismo jurídico". (NEVES, A. Castanheira. *A crise actual da filosofia do direito no contexto da crise global da filosofia*: tópicos para a possibilidade de uma reflexiva reabilitação. Coimbra: Coimbra Editora, 2003. p. 39 e 40).

[38] Optaremos por utilizar a expressão "ente humano", ao invés dos termos "ser-aí" (*Dasein*) ou "homem". A considerar essas duas alternativas, a primeira nos levaria a uma espécie de "excesso de metafísica" na utilização do conceito, enquanto a segunda nos levaria a uma "falta de metafísica".

Por essas razões, a filosofia existencial heideggeriana poderá ser "utilizada", no direito penal, para deslocar a reflexão ao nível especulativo, transcendental (não-clássico), estruturante, de fundamentação, para apanhar os elementos antepredicativos que antecipam os limites epistemológicos da dogmática.

É nesse horizonte teórico que Faria Costa desenvolveu a sua compreensão onto-antropológica do direito penal. O autor foi buscar na filosofia de Martin Heidegger, mais especificamente em *Ser e Tempo*, aquele que poderia ser considerado o elemento central da teoria onto-antropológica: o cuidado (*die Sorge*).[39]

Em *Ser e Tempo*, o cuidado é desvelado como nosso ser, ou seja, o ser do ser-aí (*Dasein*), o ente que somos nós.[40] Ao introduzir um elemento inteiramente novo na tradição filosófica,[41] o cuidado, Heidegger utilizaria uma antiga fábula, enquanto metáfora, como um testemunho pré-ontológico para confirmar esta interpretação: a interpretação de que o ser do ser-aí seria o cuidado. Trata-se da fábula nº 220 de Higino, anterior a toda tradição filosófica.

> Quando um dia o Cuidado atravessou um rio, viu ele terra em forma de barro: meditando, tomou uma parte dela e começou a dar-lhe forma. Enquanto medita sobre o que havia criado, aproxima-se Júpiter. O Cuidado lhe pede que dê espírito a esta figura esculpida com barro. Isto Júpiter lhe concede com prazer. Quando, no entanto, o Cuidado quis dar o seu nome à sua figura, Júpiter o proibiu e exigiu que lhe fosse dado o seu nome. Enquanto Cuidado e Júpiter discutiam sobre os nomes, levantou-se também a Terra e desejou que à sua figura fosse dado o seu nome, já que ela lhe tinha oferecido uma parte do seu corpo. Os conflitantes tomaram Saturno para Juiz. Saturno pronunciou-lhes a seguinte sentença, aparentemente justa: Tu, Júpiter, porque deste o espírito, receberás na sua morte o espírito; tu, Terra, porque lhe presenteaste o corpo, receberás o corpo. Mas porque o Cuidado por primeiro formou esta criatura, irá o Cuidado possuí-la enquanto ela viver. Como, porém, há discordância sobre o nome, irá chamar-se homo já que é feita de humus.[42]

Heidegger, na sua analítica existencial, desvelaria – para além do cuidado – muitas características ontológicas fundamentais do ente

---

[39] HEIDEGGER, Martin. *Sein und Zeit*. Tübingen: Max Niemeyer Verlag, 2006. p. 191 e seg.

[40] HEIDEGGER, no § 41 de *Sein und Zeit*, sustentará – pela primeira vez na obra – a ideia de que o ser do ser-aí poderia ser definido como cuidado: "'Teoria' e 'prática' são possibilidades-de-ser de um ente que em seu ser deverá ser determinado como cuidado". (*"Theorie" und "Praxis" sind Seinsmöglichkeiten eines Seienden, dessen Sein als Sorge bestimmt werden muß*). (HEIDEGGER, Martin. *Sein und Zeit*. Tübingen: Max Niemeyer Verlag, 2006. p. 193).

[41] Trata-se de um elemento tão novo para a filosofia que a definição do homem como cuidado vai resultar, segundo Stein, em uma "virada paradigmática". (STEIN, Ernildo. *Seis estudos sobre "Ser e Tempo"*. 4ª ed. Petrópolis: Editora Vozes, 2008. p. 89).

[42] Tradução de Ernildo Stein. (STEIN, Ernildo. *Seis estudos sobre "Ser e Tempo"*. 4ª ed. Petrópolis: Vozes, 2008. p. 98).

humano, que ele chamaria de existenciais, dentre estes: o "ser-com" (*das Mitsein*),[43] e o "cuidado-para" (*die Fürsorge*).[44]

Poderíamos talvez dizer que a descrição fenomenológica desses dois existenciais, em *Ser e Tempo*, foi a tarefa que mais aproximou o filósofo, pela fenomenologia, de uma abertura ética.[45] Os dois referidos existenciais não constituiriam uma ética em *Ser e Tempo*, mas mostram-se como condições de possibilidade para uma ética, e são elementos constitutivos do fundamento onto-antropológico do direito penal.

A descrição do existencial "ser-com" libera a compreensão de que o ente humano nunca é sozinho, mesmo na solidão. Ainda que ele esteja solitário em uma ilha deserta, ainda que os outros entes humanos não estejam por perto, continuará sendo ser-com-os-outros, pois, em nível ontológico, a existência seria sempre coexistência, um irrenunciável modo de ser-no-mundo.[46] Portanto, por mais que o ente humano pudesse querer estar sozinho no mundo, poderia no máximo – e tão somente – estar em estado de solidão, mas continuaria a estar no mundo com os outros, compartilhando a possibilidade de existir.

O existencial "ser-com",[47] enquanto uma espécie de comunhão do existir, leva o ente humano a se preocupar com o outro, leva-o a ter cuidado com o outro, com a existência do outro, desvelando-se, a partir desse fenômeno, mais um existencial: o "cuidado-para".

O cuidado-para poderá ser entendido como a abertura do cuidado aos outros. O cuidado que, num primeiro momento, seria cuidado-consigo-mesmo, ao ser alimentado pela compreensão de que a existência é sempre coexistência, abre-se aos outros, projetando-se nas relações humanas como cuidado-para-com-os-outros.[48]

---

[43] HEIDEGGER, Martin. *Sein und Zeit*. Tübingen: Max Niemeyer Verlag, 2006. 117 e seg.

[44] *Ibidem*. p. 121 e seg,

[45] Ver, por todos, Aurenque (AURENQUE Diana. *Ethosdenken*: Auf der Spur einer ethischen Fragestellung in der Philosophie Martin Heideggers. Freiburg im Breisgau: Verlag Karl Alber, 2011).

[46] Para Heidegger, o nosso mundo é sempre um mundo compartilhado, de tal forma que estar "em" um mundo já significaria estar "com" os outros: "O mundo do ser-aí é mundo-com. O ser-em é ser-com outros". (*Die Welt des Daseins ist Mitwelt. Das In-Sein ist Mitsein mit Anderen*). (HEIDEGGER, Martin. *Sein und Zeit*. Tübingen: Max Niemeyer Verlag, 2006. p. 118).

[47] Heinemann, vale destacar, reconhece o "ser-com" (*Mitsein*) como "socialidade" (*Sozialität*). (HEINEMANN, Walter. *Die Relevanz der Philosophie Martin Heideggers für das Rechtsdenken*. [Inaugural Dissertation] Freiburg: Albert-Ludwigs-Universität zu Freiburg im Breisgau, 1970. p. 70).

[48] Faria Costa, com um repertório um pouco diferente, vai descrever esse mesmo fenômeno: "o cuidado individual, isto é, o cuidado do 'eu' sobre si mesmo, só tem sentido se se abrir aos cuidados para com os outros, porque também unicamente desse jeito, unicamente nessa reciprocidade se encontra a segurança". (COSTA, José de Faria. *O perigo em direito penal [contributo para a sua fundamentação e compreensão dogmáticas]*. Reimpressão. Coimbra: Coimbra Editora, 2000. p. 319).

É claro que Heidegger descreve, aqui, um cuidado em nível não-empírico, um elemento especulativo, um cuidado que é condição de possibilidade do cuidado empiricamente comprovável. Esse cuidado, entretanto, que originariamente era ontológico e não-empírico, romperá com uma espécie de barreira da "diferença ontológica"[49] e alcançará a superfície empírica e ôntica, insculpindo-se na vida fática, na concreta faticidade da existência. Mostra-se, aí, na vida fática e concreta, a possibilidade de "cuidar" ou "não-cuidar", alternativas sempre presentes para o ente humano livre.

Em uma comunidade humana, que inevitavelmente necessitará da paz social para a continuidade da vida comunitária, haverá que se estabelecer "aquilo" que, sobretudo, deverá ser objeto de cuidado, terá de ser delimitado um núcleo de valores e interesses indispensáveis ao convívio na concreta coexistência, valores e interesses frágeis e, portanto, suscetíveis às mais variadas formas de perversão do "cuidado", o "não-cuidado" em nível intolerável.

A ordem jurídico-penal consagrará esses valores e interesses indispensáveis,[50] falando-se em bens jurídicos. Esses bens jurídicos precisarão ser cuidados pelos entes humanos, nas mais diversas formas de relação que estabelecerem com os outros entes humanos, nos mais diversos âmbitos da concreta coexistência. "Cuidar", tais bens jurídicos, aqui, conjuga-se com "respeitar", com "não-ofender".

O tipo penal terá por tarefa a descrição das condutas de "não-cuidado", as condutas que poderão ofender os bens jurídicos eleitos como indispensáveis ao convívio comunitário. A ordem jurídico-penal, enquanto conjunção de inúmeras descrições das condutas de "não-cuidado", deixa-se mostrar como um lídimo catálogo de cuidados. Esse catálogo se perfará pela força – e, também, na força – da estrita legalidade, que fará com que as mais intoleráveis formas de "não-cuidado" estejam minuciosamente delimitadas e positivadas na lei penal prévia e escrita.

A liberdade ético-existencial do ente humano lhe permitirá, frente à normatividade mandamental insculpida no tipo penal,[51] escolher entre "cuidar" ou "não-cuidar" do valor ou interesse comunitaria-

---

[49] HEIDEGGER, Martin. *Die Grundprobleme der Phänomenologie*. Frankfurt am Main: Vittorio Klostermann,1975. p. 322 e seg.

[50] Segundo Faria Costa, "o cuidado objetiva-se na exacta formulação de uma ordem de valores, ou seja, na formulação dos valores que a ordem penal consagra". (COSTA, José de Faria. *O perigo em direito penal* [contributo para a sua fundamentação e compreensão dogmáticas]. Reimpressão. Coimbra: Coimbra Editora, 2000. p. 251).

[51] Sobre a liberdade existencial, no contexto da relação entre a filosofia de Heidegger e o direito penal, ver, por todos, Wulf. (WULFF, Agnes. *Die Existenziale Schuld*: Der fundamentalontologische

mente assumido como indispensável, entre "não-realizar" ou "realizar" a conduta penalmente proibida e ofensiva ao bem jurídico.[52] Se, entretanto, o ente humano livre escolher o "não-cuidado", realizará o ilícito e, consequentemente, romperá uma relação.

— V —
A matricial relação onto-antropológica de cuidado-de-perigo

Essa relação, rompida pelo "não-cuidado" intolerável, seria uma "relação de cuidado-de-perigo". Acontece que tanto o cuidado, quanto o perigo, estão umbilicalmente interligados, levando-nos a perceber a possibilidade de compreendê-los como duas dimensões de uma mesma realidade ou, se preferirmos, dois modos de aparecer de um mesmo fenômeno.

O ente humano, enquanto ser-para-a-morte,[53] inevitavelmente necessitará assumir a sua fragilidade estrutural irrenunciável.[54] Reconhecendo-se que a morte poderá ser compreendida como a constante possibilidade da total impossibilidade, somos levados a reconhecer, também, que a fragilidade estrutural de ser-para-a-morte inapelavelmente nos torna vulneráveis a determinados perigos. Sempre foi assim, desde o surgimento das comunidades humanas.

O perigo, devido ao fato de sempre ter acompanhado o ente humano no longo devir histórico,[55] deixa-se mostrar como uma constante antropológica. De tal modo, poderemos compreender que o perigo

Schuldbegriff Martin Heideggers und seine Bedeutung für das Strafrecht. Berlin: LIT Verlag, 2008. p. 229 e seg.).

[52] Buonicore compreende a referida liberdade ético-existencial, no quadro temático da culpabilidade, como uma "possibilidade ontológico-existencial de o homem concreto oferecer cuidado-para-com-o-outro em seu comportamento fático no mundo". (BUONICORE, Bruno Tadeu. *Culpabilidade e fundamentos filosóficos*: compreensão do conteúdo material à luz do conceito onto-antropológico. Curitiba: Juruá, 2017. p. 133).

[53] HEIDEGGER, Martin. *Sein und Zeit*. Tübingen: Max Niemeyer Verlag, 2006. p. 252 e seg.

[54] Faria Costa identifica e descreve uma relação entre o ser-com e a fragilidade estrutural do ente humano: "A abertura original do ser-com-os-outros, através das relações primitivas com que se estrutura o ser-social, tem a marca do sentido único daquilo que refaz, sem paradoxos e na comunicação, o próprio ser-aí-diferente. Na verdade, o *abrir-se para* ou o *abrir-se com* são manifestações que apontam e despertam uma intensa fragilidade no relacionamento estrutural-comunicativo. Aquele que se abre despoja-se para se encontrar". (COSTA, José de Faria. *O perigo em direito penal* [contributo para a sua fundamentação e compreensão dogmáticas]. Reimpressão. Coimbra: Coimbra Editora, 2000. p. 398).

[55] Faria Costa ressalta que "[...] as comunidades dos homens sempre se desenvolveram no seio de perigos". (COSTA, José de Faria. *O perigo em direito penal* [contributo para a sua fundamentação e compreensão dogmáticas]. Reimpressão. Coimbra: Coimbra Editora, 2000. p. 319).

estará sempre presente; porém, os objetos do perigo – portanto, os seus modos de se manifestar – estarão abertos à historicidade e se modificarão com a passagem do tempo. Se quisermos, basta olharmos para as diferenças entre os perigos a que o ente humano esteve submetido, antes, nas sociedades primitivas e, depois, nas sociedades pós-industriais. Poderemos, sem dificuldade, perceber nitidamente que esses perigos foram-se modificando, transformando-se aos poucos, ganhando novas formas de manifestação, mas não temos como deixar de reconhecer que sempre estiveram presentes na vida comunitária e relacional do ente humano.

O cuidado, também, esteve constantemente presente. Como condição necessária para que a vida pudesse continuar a ser vida, o cuidado sempre buscou aplacar o perigo. O cuidado fez com que o ente humano pudesse antecipar e evitar o perigo, de um tal modo que em toda relação comunitária, estabelecida entre os entes humanos, estaria presente não apenas o perigo, mas também o cuidado, desvelando-se um horizonte onde podemos compreender que tais relações seriam, em verdade, nada mais e nada menos que relações de cuidado-de-perigo.

Considerando que essas relações, como visto, são constituídas por dois elementos constantes no devir histórico, o cuidado e o perigo,[56] somos levados a falar em uma constante antropológica.[57] Poderemos, a partir daí, reconhecer que as relações de cuidado-de-perigo inevitavelmente estarão gravadas por uma marca antropológica, e essa marca sustentará a possibilidade de falarmos propriamente em uma "relação antropológica de cuidado-de-perigo".

Entretanto, essa relação desvelada não estaria circunscrita aos limites de uma compreensão científico-antropológica, ela traz à tona elementos que transcendem as possibilidades de descrição teórica das antropologias física e cultural, elementos situados em um registro especulativo e não-empírico, que poderão ser percebidos num horizonte de compreensão pré-científica, estruturante e, portanto, propriamente filosófico, dentro do universo das condições de possibilidade.[58] Deve-se

[56] Faria Costa defende que "o perigo e o cuidado são uma matriz ontológica do ser-aí-diferente comunitariamente inserido". (COSTA, José de Faria. *O perigo em direito penal* [contributo para a sua fundamentação e compreensão dogmáticas]. Reimpressão. Coimbra: Coimbra Editora, 2000. p. 327).

[57] Stein, em sua *Antropologia filosófica*, compreende as "constantes antropológicas" em um "contexto muito particular", encontrando "a possibilidade de fazer afirmações não simplesmente empíricas sobre o ser humano", já que há, na cultura, um "elemento de antecipação". (STEIN, Ernildo. *Antropologia filosófica*: questões epistemológicas. 3ª ed. rev. Porto Alegre: Livraria do Advogado, 2018. p. 49 e 50).

[58] Tanto esse universo das condições de possibilidade, a dimensão propriamente ontológica, quanto o universo de objetos, a dimensão ôntica, podem ser pensados de forma relacional graças

vislumbrar, por essas razões, um âmbito antepredicativo da referida relação de cuidado-de-perigo, autorizando a possibilidade de se falar em uma dimensão ontológica, o que leva Faria Costa a utilizar, na descrição do fenômeno, o radical "onto".

Se a relação de "cuidado-de-perigo" possui tanto uma dimensão ontológica, quanto uma dimensão antropológica, então ela poderá ser descrita, sem qualquer risco de uma exacerbação terminológica, como uma "relação onto-antropológica de cuidado-de-perigo".

Se essa relação – não apenas pela referida constante antropológica que carrega, mas também por ela – atravessa todo o devir histórico, mostrando-se presente já na origem das comunidades humanas mais primitivas, na passagem da natureza para a cultura, na fundação da norma, enfim, na matriz do convívio humano comunitário, então essa relação, ao ser denominada, poderá trazer consigo, ainda – sem qualquer franja de um desnecessário "inchamento" descritivo – mais um predicado: ela seria uma relação "matricial". Por essas razões, pode-se falar em uma "matricial relação onto-antropológica de cuidado-de-perigo".

— VI —
A tarefa da pena criminal justa na compreensão onto-antropológica

Ao ocorrer o ilícito, será rompida a matricial relação onto-antropológica de cuidado-de-perigo, em virtude da realização do "não-cuidado" intolerável em relação a um ou mais valores e interesses eleitos como indispensáveis ao convívio comunitário – "não-cuidado" esse que é especificamente projetado na ordem jurídico-penal como uma conduta ofensiva a um ou mais bens jurídicos.[59]

Haveria, na facticidade da vida concreta, não somente uma matricial relação onto-antropológica de cuidado-de-perigo entre o "eu" e o "outro", mas uma infinidade de relações de cuidado-de-perigo entre um incontável número de "eu(s)" e "outro(s)". Podemos pensar, em nível empírico, nas numerosas relações que cada ente humano poderá estabelecer com incontáveis outros entes humanos; e cada um

à "diferença ontológica". (STEIN, Ernildo. *Pensar é pensar a diferença*: filosofia e conhecimento empírico. 2ª ed. Ijuí: Editora Unijuí, 2006. p. 17).

[59] Faria Costa faz questão de destacar que "qualquer ilícito material, penalmente relevante" seria "ruptura da relação originária do cuidado-de-perigo". (COSTA, José de Faria. *O perigo em direito penal* [contributo para a sua fundamentação e compreensão dogmáticas]. Reimpressão. Coimbra: Coimbra Editora, 2000. p. 398).

desses outros entes humanos poderá, igualmente, estabelecer numerosas relações com ainda outros incontáveis entes humanos.[60]

Essa infinidade de matriciais relações onto-antropológicas de cuidado-de-perigo constituiria, ao fim, uma espécie de teia onto-antropológica, que de algum modo uniria os incontáveis "eu(s)" aos incontáveis "outro(s)". E cada relação de cuidado-de-perigo rompida por meio do "não-cuidado" intolerável, por meio da realização de um ilícito, resultaria em uma desestabilizadora "cesura" na referida teia.

Mas essa "cesura" não poderia ficar aberta na chamada teia onto-antropológica, concedendo que ela possuiria aptidão para desestabilizá-la no horizonte da necessidade de pacificação social.[61] Ao observarmos esse fenômeno, que se manifesta propriamente no seio da ordem jurídico-penal de dada comunidade, poderemos intuir – a partir dos versos do poeta do fim da metafísica, Hölderlin – que, também aqui, "onde mora o perigo, também cresce aquilo que salva" (*Wo aber Gefahr ist, wächst das Rettende auch*).[62]

A mesma ordem jurídico-penal atingida pelo rompimento da relação onto-antropológica de cuidado-de-perigo e, consequentemente, pelo "cesura" da teia onto-antropológica, ofertará o instrumento que poderá recompor os fios rompidos da relação de cuidado-de-perigo e, consequentemente, cerzir a "cesura" da teia onto-antropológica. Esse instrumento de recomposição, se fizer prevalecer o justo sobre o injusto, consagrando a liberdade e a igualdade, poderá ser considerado um bem. Trata-se da pena criminal justa.[63]

---

[60] Ao discorrer sobre o crime de homicídio, Faria Costa acena para essa compreensão: "é ao matar-se outrem que se destrói não só a relação de cuidado que o agente devia ter para com a vítima ('o outro'), como destruídas ficam para sempre as relações de cuidado dos 'outros' para com a vítima, como também as relações que a partir dela despontariam para com os 'outros' [...]". (COSTA, José de Faria. *O perigo em direito penal* [contributo para a sua fundamentação e compreensão dogmáticas]. Reimpressão. Coimbra: Coimbra Editora, 2000. p. 382 e 383).

[61] "Se a relação do 'eu' para com os outros é desvirtuada ao ponto do aniquilamento ou violação dos valores essenciais, a relação primária e original que o 'eu' estabelece com a comunidade, erigida em Estado e detentora do ius puniendi, impõe a agressão à esfera personalíssima do 'eu', pois só assim se refaz aquela relação primitiva do 'eu' para com os outros". (*Ibidem*. p. 384).

[62] HEIDEGGER se vale da poesia de HÖDERLIN como metáfora. (HEIDEGGER, Martin. *Die Technik und die Kehre*. 12ª ed. Stuttgart: Klett-Cotta, 2011. p. 28).

[63] São as palavras de Faria Costa: "a pena, se quisermos, assume, assim, o papel da reposição, da repristinação e, por conseguinte, da eficácia de um bem. Ou, se ousarmos ser ainda mais radicais, ela é um *bem*". (COSTA, José de Faria. Uma ponte entre o direito penal e a filosofia pena: lugar de encontro sobre o sentido da pena. *Linhas de direito penal e de filosofia*: alguns cruzamentos reflexivos. Coimbra: Coimbra Editora, 2005. p. 224).

A pena criminal justa, nesse quadro teórico, possuiria a tarefa de recompor os fios rompidos da relação de cuidado-de-perigo e, consequentemente, viria a cerzir a "cesura" da teia onto-antropológica.[64]

A considerar conjuntamente a preservação da liberdade e da igualdade, a legitimação da retribuição do mal do crime, a recomposição dos fios da relação rompida e o cerzimento da "cesura" da teia, para além da prevalência do justo sobre o injusto, nesse horizonte de compreensão, deixa-se inevitavelmente perceber a pena criminal justa como um bem.

— VII —
Podemos exigir da compreensão onto-antropológica um "salto de qualidade" na solução de problemas práticos do direito penal?

Para sabermos se podemos exigir da compreensão onto-antropológica um "salto de qualidade" na solução de problemas práticos do direito penal, teremos de começar perguntando pela ancoragem teórica de uma tal compreensão, ou seja, teremos de questionar: em qual região teórica estaria predominantemente assentada a compreensão onto-antropológica?

Não teremos dificuldades em perceber que tal compreensão está assentada em um solo ontológico e antropológico, como o próprio nome já sugere. Arriscaríamos dizer, no âmbito dessa ambivalência de regiões teóricas, que a dimensão ontológica, inevitavelmente, irá se mostrar como mais fundamental; não apenas pela sua aptidão para fundamentar o conhecimento científico, característica própria das ontologias, mas porque os elementos oriundos da matriz ontológica são predominantes em extensão e profundidade na compreensão onto-antropológica do direito penal.

Essa consciência teórica já nos aponta caminhos nos quais poderemos encontrar respostas ao questionamento que, por ora, orienta-nos: podemos exigir da compreensão onto-antropológica um "salto de qualidade" na solução de problemas práticos do direito penal?

Se reconhecermos que a compreensão onto-antropológica está predominantemente assentada na região ontológica, então teremos

[64] Faria Costa afirmará que "esse momento de ruptura, de fractura de convulsão no cuidado genésico só se refaz com a pena. A aplicação da pena, nesta compreensão fundante, repõe o sentido primevo da relação de cuidado-de-perigo". (FARIA COSTA, José de. Uma ponte entre o direito penal e a filosofia pena: lugar de encontro sobre o sentido da pena. *Linhas de direito penal e de filosofia*: alguns cruzamentos reflexivos. Coimbra: Coimbra Editora, 2005. p. 224).

de perceber as possibilidades da ontologia, sobretudo, no quadro referencial teórico que estamos trabalhando, um quadro de tonalidade analítico-existencial, já que estaria se valendo de elementos da filosofia existencial de Heidegger.

No pensamento de Heidegger, haverá uma identificação entre ontologia e fenomenologia, de tal modo que a ontologia poderá ser lida como "ontologia fenomenológica".[65] Essa ontologia de vocação fenomenológica, por assim dizer, visará ao desvelamento de elementos especulativos, transcendentais (não-clássicos), não-empíricos, de caráter estruturante, edificador e organizador, que estão no universo das condições de possibilidades e que constituem o âmbito propriamente filosófico de qualquer análise teórica. É possível perceber que esses elementos normalmente estão tão encobertos pela objetificação das ciências positivas, quanto estão aptos para a fundamentação de tais ciências.

Poderíamos falar, aqui, em um verdadeiro solo fenomenológico, composto por vários elementos que nada mais são que fenômenos ontologicamente desvelados, gozando da aptidão para oferecer uma forma de sustentação teórica originária ou fundamental para os conceitos e categorias desenvolvidos no âmbito das ciências. Essa sustentação teórica, que poderia ser descrita como o universo das condições de possibilidade, poderá ser descrita, também, como um campo de razões, um conjunto dos "vetores de racionalidade" que fundamentam as escolhas teórico-científicas – ou se preferimos, aqui, as escolhas dogmáticas – operadas no espaço da superfície ôntica.[66]

Entretanto, essa aptidão fenomenológico-hermenêutica da ontologia que anteciparia e fundaria campos teórico-científicos – como, por exemplo, a ciência do direito penal – seria manifestada numa específica capacidade de problematizar a solução de problemas, ou seja, ela diria respeito aos problemas das soluções já encontradas, porque

[65] No § 7º de *Sein und Zeit* , Heidegger sustenta que "ontologia e fenomenologia não são duas diferentes disciplinas, que, ao lado de outras, pertencem à filosofia. Ambos os nomes caracterizam o objeto e o modo de tratamento da própria filosofia. Filosofia é ontologia fenomenológica universal [...]". (*Ontologie und Phänomenologie sind nicht zwei verschiedene Disziplinen neben anderen zur Philosophie gehörigen. Die beiden Titel charakterisieren die Philosophie selbst nach Gegenstand und Behandlungsart. Philosophie ist universale phänomenologische Ontologie [...]*). (HEIDEGGER, Martin. *Sein und Zeit*. Tübingen: Max Niemeyer Verlag, 2006. p. 38).

[66] Ao esclarecer os "vetores de racionalidade" ou "*standards* de racionalidade", Stein explica que "quando se espera, no direito, que a filosofia lhe preste serviços no que se refere ao limite e à fundamentação, o que se quer é encontrar elementos de racionalidade que garantam orientação e espaços de validade intersubjetiva". E o filósofo acrescenta: [...] o direito irá encontrar a partir desse *standard* uma teoria filosófica capaz de orientar o levantamento de problemas e o conjunto de problemas a serem resolvidos. (STEIN, Ernildo. *Exercícios de fenomenologia*: limites de um paradigma. Ijuí: Unijuí, 2004. p. 156).

o arsenal de recursos técnicos da ontologia não possuiria qualquer colorido ôntico, científico ou empírico e, portanto, as suas bondades teóricas não estariam dirigidas para as tarefas propriamente ônticas, científicas ou empíricas.

Desse modo, aquilo que constituiria a grandeza da ontologia, a sua aptidão para ser fundamento das ciências positivas,[67] as ciências ônticas, por meio de recursos especulativos, ambivalentemente, constituiria a sua "pequenez", a sua predominante inaptidão para assumir tarefas típicas das ciências.

Da mesma forma, aquilo que constituiria a "pequenez" das ciências, a sua inaptidão para pensar filosoficamente, para "pensar ao modo dos pensadores" por meio de seus recursos empíricos, ambivalentemente, constituiria a sua grandeza, a sua aptidão para se instalar em um campo de objetos e lá solucionar os seus problemas objetivos, não-especulativos, empíricos. E é por isso que já podemos claramente enxergar as razões que levariam Heidegger a afirmar que "a ciência não pensa" (*die Wissenschaft denkt nicht*), mas isso "para a sua sorte" (*zu ihrem Glück*), pois "isso significa, aqui, segurança para situar-se num âmbito próprio" (*das heißt hier zur Sicherung ihres eigenen festgelegten Ganges*).[68]

Assim, às ciências seriam direcionadas as tarefas relacionadas à solução de problemas, enquanto às ontologias, mesmo que regionais, ficariam dirigidas as tarefas relacionadas aos problemas das soluções, a problematização das soluções, em nível de fundamentação.

Voltemos, uma vez mais, à pergunta antes apresentada: podemos exigir da compreensão onto-antropológica um "salto de qualidade" na solução de problemas práticos do direito penal? Sim e não.

Não poderemos exigir da compreensão onto-antropológica um "salto de qualidade" na solução de problemas práticos do direito penal, no sentido de querer que os elementos desvelados em nível onto-antropológico possam diretamente ser aplicados nas soluções de problemas práticos do direito penal e, ainda, esperar um "salto de qualidade" em tais resoluções. Isso não pareceria razoável e, nem ao menos, teoricamente possível.

Entretanto, em outra perspectiva, poderíamos, sim, exigir da compreensão onto-antropológica um "salto de qualidade" na solução de problemas práticos do direito penal. Basta partirmos da premissa

---

[67] Ver, por todos, HEIDEGGER, Martin. *Sobre a questão do pensamento*. Trad. Ernildo Stein. Petrópolis: Editora Vozes, 2009. p. 66.

[68] HEIDEGGER, Martin. *Was heißt Denken?* Stuttgart: Reclam, 1992. p. 8.

de que os elementos especulativos não poderão ser diretamente aplicados à solução de problemas, mas poderão trazer a dogmática para um outro nível de consciência dos pressupostos que a sustentam e normalmente não são discutidos.

O desvelamento de tais pressupostos ou, se preferirmos, a passagem de tais pressupostos da condição de latentes para a condição de expressos constituiria uma espécie de "termo intermediador" entre a ontologia (filosofia) e a dogmática.[69] Deixa-se desvelar, nesse espaço do quadro teórico desenhado, aquela que poderá ser considera uma tarefa – ou, se quisermos ser mais ousados, "a tarefa" – da ontologia (filosofia) na dogmática jurídico-penal: iluminar a escuridão dos diversos pressupostos não-empíricos, transcendentais (não-clássicos), especulativos, normalmente não discutidos e que constantemente sustentam inúmeras regiões da nossa compreensão dos fenômenos jurídico-penais em nível dogmático.

Com a riqueza e a amplitude de um horizonte fenomenológico aberto por meio desse desvelamento ou por meio da tomada de consciência dos referidos elementos, a dogmática jurídico-penal poderá, em nível ôntico-científico, realizar as melhores escolhas no desenvolvimento e aperfeiçoamento dos seus conceitos e categorias fundamentais e, consequentemente, afiar os seus principais recursos técnicos com vistas a melhor resolver os problemas práticos que a desafiam.

Com isso, poderemos ser levados a um saudável desencantamento com as possibilidades da ontologia (filosofia) no direito penal, mas certamente ganhamos muito com a perda de um pouco da inocência teórica.

Porto Alegre, 1º de abril de 2019.

Referências

AURENQUE Diana. *Ethosdenken*: Auf der Spur einer ethischen Fragestellung in der Philosophie Martin Heideggers. Freiburg im Breisgau: Verlag Karl Alber, 2011.

BUONICORE, Bruno Tadeu. *Culpabilidade e fundamentos filosóficos*: compreensão do conteúdo material à luz do conceito onto-antropológico. Curitiba: Juruá, 2017.

COSTA, José de Faria. *O perigo em direito penal* (contributo para a sua fundamentação e compreensão dogmáticas). Reimpressão. Coimbra: Coimbra Editora, 2000.

——. *Uma ponte entre o direito penal e a filosofia pena*: lugar de encontro sobre o sentido da pena. Linhas de direito penal e de filosofia: alguns cruzamentos reflexivos. Coimbra: Coimbra Editora, 2005.

[69] Ao tratar da "aplicação" da filosofia nas ciências, Stein sustenta que "todo o trânsito de uma matriz de racionalidade para o empírico deve passar por algum elemento de mediação". (STEIN, Ernildo. *Exercícios de fenomenologia*: limites de um paradigma. Ijuí: Unijuí, 2004. p. 127).

HEIDEGGER, Martin. *Die Grundprobleme der Phänomenologie*. Frankfurt am Main: Vittorio Klostermann,1975.

——. *Die Technik und die Kehre*. 12ª ed. Stuttgart: Klett-Cotta, 2011.

——. *Metaphysische Anfangsgründe der Logik*. Frankfurt am Main: Vittorio Klostermann, 1978.

——. *Sein und Zeit*. Tübingen: Max Niemeyer Verlag, 2006.

——. *Sobre a questão do pensamento*. Trad. Ernildo Stein. Petrópolis: Editora Vozes, 2009.

——. *Unterwegs zur Sprache*. Frankfurt am Main: Vittorio Klostermann, 1985.

——. *Was heißt Denken?* Stuttgart: Reclam, 1992.

HEINEMANN, Walter. *Die Relevanz der Philosophie Martin Heideggers für das Rechtsdenken*. [Inaugural Dissertation] Freiburg: Albert-Ludwigs-Universität zu Freiburg im Breisgau, 1970.

HUSSERL, Gerhart. *Recht und Welt: Rechtsphilosophische Abhandlungen*. Frankfurt am Main: Vittorio Klostermann, 1964.

——. *Recht und Zeit: Fünf rechtsphilosophische Essays*. Frankfurt am Main: Vittorio Klostermann, 1964.

KAUFMANN, Arthur. "Rechtsphilosophie, Rechtstheorie, Rechtsdogmatik", *in:* KAUFMANN, Arthur; HASSEMER, Winfried (Orgs.). *Einführung in Rechtsphilosophie und Rechtstheorie der Gegenwart*. Heidelberg: C.F Müller Juristischer Verlag, 1977.

MAIHOFER, Werner. *Recht und Sein*: Prolegomena zu einer Rechtsontologie. Frankfurt am Main: Vittorio Klostermann, 1954.

MOURA, Bruno. *Ilicitude penal e justificação*: reflexões a partir do ontologismo de Faria Costa. Coimbra: Coimbra Editora, 2015.

NEVES, A. Castanheira. *A crise actual da filosofia do direito no contexto da crise global da filosofia*: tópicos para a possibilidade de uma reflexiva reabilitação. Coimbra: Coimbra Editora, 2003.

PUNTEL, Lorenz. *Struktur und Sein*. Tübingen: Verlag Mohr Siebeck, 2006.

STEIN, Ernildo. *Antropologia filosófica*: questões epistemológicas. 3ª ed. rev. Porto Alegre: Livraria do Advogado, 2018.

——. *Às voltas com a metafísica e a fenomenologia*. Ijuí: Unijuí, 2014.

——. *Exercícios de fenomenologia*: limites de um paradigma. Ijuí: Unijuí, 2004.

——. *Inovação na filosofia*. Ijuí: Unijuí, 2011.

——. *Pensar é pensar a diferença*: filosofia e conhecimento empírico. 2ª ed. Ijuí: Unijuí, 2006.

——. *Seis estudos sobre "Ser e Tempo"*. 4ª ed. Petrópolis: Vozes, 2008.

TUGENDHAT, Ernest. *Egozentrizität und Mystik*: Eine anthropologische Studie. C. H. Beck Verlag: München, 2003.

WULFF, Agnes. *Die Existenziale Schuld*: Der fundamentalontologische Schuldbegriff Martin Heideggers und seine Bedeutung für das Strafrecht. Berlin: LIT Verlag, 2008.

4. O fundamento onto-antropológico da tutela penal de animais

(Texto com base na conferência apresentada na Universidade de Coimbra, Portugal, em 31.05.2016)

— I —
Palavras de abertura

Não obstante a complexidade do fenômeno que analisarei, precisarei ser direto, objetivo, simples, mas com a expectativa de não ser simplista. Será necessário já delimitar o horizonte teórico em que me movimentarei. Eu tratarei, tão somente, do fundamento onto-antropológico da tutela penal de animais, não adentrarei na casuística, na análise dos tantos interessantíssimos e desafiadores problemas práticos da tutela penal de animais. Portanto, a tarefa teórica que assumo, aqui, visa à análise de um âmbito das condições de possibilidade do fenômeno da tutela penal de animais.

Compreendemos, assim, em linhas de introdução, que o fundamento onto-antropológico da tutela penal de animais seria o solo fenomenológico para uma compreensão, dentre tantas outras possíveis, da proteção jurídica dos animais por meio do direito penal. O tema será enfrentado por meio de análises divididas em três partes: (a) O que é o fundamento onto-antropológico do direito penal?; (b) A ontológica fragilidade estrutural dos animais; (c) A transposição do plano onto-antropológico para o plano jurídico-penal.

A pergunta que orientará o nosso horizonte teórico será a pergunta pelo "outro" da relação: "quem" poderá ser reconhecido como o "outro" da relação onto-antropológica? A nossa hipótese é que – para além do homem – o animal também poderá ser reconhecido como o "outro" da relação.[70]

---

[70] Ver, por todos, ROXIN, Claus. *Strafrecht. Allgemeiner Teil. Band I*: Grundlagen – Der Aufbau der Verbrechenslehre. 4ª ed. München: Verlag C.H Beck, 2006. p. 671.

— II —
O fundamento onto-antropológico do direito penal

O fundamento onto-antropológico do direito penal é uma teoria criada por Faria Costa. Trata-se de uma forma de compreender as coisas do direito penal por meio de um olhar fenomenológico, que se vale de uma interessada leitura da obra de Martin Heidegger. Tomando de empréstimo, da analítica existencial, a *Sorge* heideggeriana,[71] Faria Costa "utilizará" esse existencial de modo que possa ser transformado em elemento central para a compreensão da discursividade jurídico-penal.

No pensamento de Heidegger, o ser do ser-aí, o ente que somos nós, o homem, é cuidado: "o cuidado nos possuirá enquanto existirmos", se quisermos utilizar as palavras de Higino, apresentadas na sua fábula de nº 220, conhecida como "a fábula do cuidado", utilizada na condição de metáfora, pelo filósofo, como um testemunho pré-ontológico da interpretação do ser-aí como cuidado.[72] Valendo-se desse cuidado ontológico, Faria Costa vai afirmar a existência de uma "matricial relação onto-antropológica de cuidado-de-perigo".

Por que cuidado-de-perigo? Cuidado e perigo são duas dimensões de uma mesma realidade, cuida-se daquilo que está sujeito ao perigo. O homem está sujeito aos mais diversos perigos, na verdade a humanidade sempre se desenvolveu no seio de perigos.[73] Os perigos, abertos à historicidade, sempre mudam. Pense-se nos perigos das sociedades primitivas em comparação com os perigos da chamada "sociedade do risco" (*Risikogesellschaft*),[74] em que os perigos ganham uma dimensão global. Nessa linha de compreensão, os perigos inevitavelmente mudarão, mas o cuidado estará sempre presente, poderíamos dizer que ele é uma "constante antropológica".[75] E a ordem jurídico-penal se ergueria como refração da originária relação de cuidado-de-perigo do "eu" para com o "outro".

A ordem jurídico-penal, assim, delimitaria o objeto de cuidado, os bens jurídicos – vida, integridade física, patrimônio, dentre tantos outros – de modo que, quando houver crime, segundo Faria Costa,

[71] HEIDEGGER, Martin. *Sein und Zeit*. Tübingen: Max Niemeyer Verlag, 2006. p. 191 e seg.

[72] *Ibidem*. p. 196 e seg.

[73] COSTA, José de Faria. *O perigo em direito penal* [contributo para a sua fundamentação e compreensão dogmáticas]. Reimpressão. Coimbra: Coimbra Editora, 2000. p. 319.

[74] Ver, por todos, BECK, Ulrich. *Die Risikogesellschaft*: Auf dem Weg in eine andere Moderne. Frankfurt am Main: Suhrkamp, 1995.

[75] Ver, por todos, STEIN, Ernildo. *Antropologia filosófica*: questões epistemológicas. 3ª ed. rev. Porto Alegre: Livraria do Advogado, 2018. p. 49 e 50.

haverá o rompimento da relação de cuidado-de-perigo do "eu" para com o "outro" e somente a pena justa poderá recompor essa relação, reconstituir os fios rompidos da teia de cuidado.

> Se a relação do "eu" para com os outros é desvirtuada ao ponto do aniquilamento ou violação dos valores essenciais, a relação primária e original que o "eu" estabelece com a comunidade, erigida em Estado e detentora do ius puniendi, impõe a agressão à esfera personalíssima do "eu", pois só assim se refaz aquela relação primitiva do "eu" para com os outros.[76]

— III —
A ontológica fragilidade estrutural dos animais

Falou-se que a relação de cuidado-de-perigo seria uma relação do "eu" para com o "outro", mas quem propriamente seria o "outro" da relação?

Por um lado, não problematizar a ontológica fragilidade estrutural dos animais poderá tornar problemática, em seus fundamentos, toda a compreensão que temos da tutela penal de animais. Por outro lado, problematizar essa ontológica fragilidade estrutural dos animais passa por colocar a pergunta sobre quem seria o "outro" da relação.

O "outro" da relação seria o "homem", somente o "homem", diria a tradição dogmática, em muitas linhas das suas correntes majoritárias, imersas num contexto teórico que poderíamos chamar de antropocentrismo-radical. E por que seria apenas o homem? Porque o homem seria o único ente que possui "razão" ou, para utilizar uma linguagem mais harmônica com o nosso quadro referencial teórico fenomenológico-hermenêutico, o homem seria o único ente que possuiria o existencial da "compreensão",[77] o único que teria a "dimensão de sentido" e que, portanto, seria "formador de mundo".[78]

Mas a pergunta pelo "outro" da relação não é uma pergunta sobre "quem pode compreender", mas é uma pergunta sobre "quem pode sofrer". Entendemos, aqui, o sofrimento em estrita relação com a senciência. Todos os entes vivos possuem a ontológica possibilidade de morrer, que poderíamos chamar de "poder-morrer", mas apenas dois entes teriam a ontológica possibilidade de sofrer, o "poder-sofrer": homem e animal. Por quê? Porque apenas homem e animal

---

[76] COSTA, José de Faria. *O perigo em direito penal* [contributo para a sua fundamentação e compreensão dogmáticas]. Reimpressão. Coimbra: Coimbra Editora, 2000. p. 384.

[77] HEIDEGGER, Martin. *Sein und Zeit*. Tübingen: Max Niemeyer Verlag, 2006. p. 144 e seg.

[78] HEIDEGGER, Martin. *Os conceitos fundamentais da metafísica*: mundo, finitude, solidão. Trad. Marco Antônio Casanova. 2ª ed. Rio de Janeiro: Forense Universitária, 2011. p. 230.

possuiriam mundo, ainda que sejam mundos absolutamente distintos, já que o mundo do animal seria pobre perante a riqueza do mundo do homem.

Ao possuir mundo, o animal pode sofrer. Ele possui mundo porque possui acesso ao ente, ainda que não ao ente enquanto ente. Para utilizarmos o exemplo de Heidegger, o lagarto deita-se sobre a pedra e aquece-se com o sol, o lagarto tem acesso ao ente sol, mas não ao sol enquanto sol. Então, o animal possui acesso ao ente. O acesso ao ente, por meio de seus sentidos, permite-lhe acessar, também, a fome, o frio, a dor. O animal, nessa linha de compreensão, não poderá ser considerado *automata mechanica*, como queria Descartes. Ele seria, antes, uma forma de *creturea dolens*, a considerar que o seu modo de ser será marcado pela ontológica possibilidade de sofrer.

Se aceitarmos o animal como "pobre de mundo", enquanto o homem seria "formador de mundo", então poderemos, já, desvelar o terceiro elemento da ontológica fragilidade estrutural dos animais: o "poder-ser-dominado".

Se pudermos sustentar que o homem ontologicamente é "formador de mundo", então ele será o único ente a possuir uma "dimensão de sentido": a "compreensão". Parece-nos razoável conceder, nessa hipótese, que ele terá a propensão para dominar todos os demais entes "não-pensantes" do planeta.

> [...] o homem é imorredoiramente ser limitado ao agora, mas também ao aqui. Todavia, é precisamente essa limitação que constrange e simultaneamente acicata o homem, na sua relação com o mundo exterior, a aspirar a uma relação de domínio da natureza que, acrescente-se, cedo conseguiu.[79]

O animal, assim, na sua pobreza de mundo, estaria irremediavelmente sujeito à dominação do ente "formador de mundo". Podemos observar, nesse ponto, o desvelamento de uma ontológica possibilidade-de-ser-dominado.

Afirmou-se uma abissal diferença de mundo entre homem e animal. Entretanto, essa mesma diferença não constituiria qualquer obstáculo para o reconhecimento do animal enquanto o "outro" da relação onto-antropológica. A diferença poderá ser compreendida como um elemento constitutivo da própria pergunta pelo "outro" da relação. A pergunta, quando colocada, é posta a partir de uma pré-compreensão dessa diferença, ou seja, a diferença já é uma premissa.

---

[79] COSTA, José de Faria. *O perigo em direito penal. [contributo para a sua fundamentação e compreensão dogmáticas]*. Reimpressão. Coimbra: Coimbra Editora, 2000. p. 285 e 286.

Na diferença, e pela diferença, poderemos perceber que os animais são seres especialmente frágeis, seres que estão sujeitos ao perigo, assim como os seres humanos, mas em um nível de vulnerabilidade ainda maior. Os animais, como sustentado, são dominados nas relações com os seres humanos, e essa é uma afirmação particularmente evidente quando falamos em animais domésticos e domesticados. Nessa relação de dominação, os animais estão sujeitos à vontade dos seres humanos, que poderão lhes causar o sofrimento desnecessário, em nível intolerável, surgindo o chamado para a sua proteção.

A mesma diferença que tornará possível a relação de poder do homem sobre o animal, permitirá que esse poder seja compreendido como um poder-dever: um poder-dever de responsabilidade do homem para com o animal. Trata-se da responsabilidade de não causar sofrimento desnecessário, de oferecer cuidado, responsabilidade em respeitar a fragilidade contida na diferença.

— IV —
A transposição do plano onto-antropológico para o plano jurídico-penal

A ontológica fragilidade estrutural dos animais, manifestada nos três modos de poder-ser: "poder-morrer", "poder-sofrer" e "poder--ser-dominado", permite-nos reconhecer o animal como o "outro" da relação, permite-nos perceber que o animal é o "outro" especialmente frágil.

E qual a repercussão do desvelamento dessa premissa ontológica, o desvelamento da ontológica fragilidade estrutural dos animais, no plano jurídico-penal? Com esse desvelamento, coloca-se em liberdade um horizonte para pensarmos a possibilidade de os animais serem titulares de bens jurídico-penais, titulares dos bens jurídico-penais tutelados nos chamados "crimes contra animais".

A tradição dogmática tentou explicar o fenômeno jurídico-penal em análise, desde 1838, quando da criminalização dos atos de crueldade contra animais, na Alemanha, mais especificamente na Saxônia.[80] Houve autores que chegaram a afirmar, inclusive, que o bem jurídico--penal tutelado, nesse específico âmbito de intervenção, seria o "sentimento humano de piedade ou compaixão", essa foi a compreensão de

[80] HAEBERLIN, Carl Franz Wilhelm Jérôme. *Grundsätze des Criminalrechts*: Nach den neuen deutschen Strafgesetzbüchern. Leipzig: Friedrich Fleischer Verlag, 1848. p. 319 e 320.

Binding.[81] Defenderam-se, assim, os "crimes de proteção de sentimento" (*Gefühlsschutzdelikte*).

Chegou-se a confundir, posteriormente, já na segunda metade do século XX, no Brasil, a tutela penal de animais com a tutela penal da fauna, como podemos oservar na Lei nº 9.605/1998 (Lei dos Crimes Ambientais).[82]

Porém, os chamados "crimes contra animais", quando compreendidos por meio de um olhar onto-antropológico, a partir do desvelamento da sua ontológica fragilidade estrutural, permite-nos, assentados em razões fortes, perguntar pela possibilidade de os animais serem titulares de bens jurídico-penais. Permite-nos colocar em liberdade um horizonte de compreensão para reconhecermos o animal como titular dos bens jurídico-penais ligados à sua fragilidade estrutural.

Ao desvelarmos as camadas encobridoras do fenômeno em análise, incrustadas por uma tradição "especista",[83] antropocêntrica-radical, poderemos conquistar uma compreensão liberta de preconceitos e simplificações, percebendo-se que a tutela penal de animais encontra sentido e coerência na possibilidade de os animais serem titulares de bens jurídico-penais.

A vida e o bem-estar animal, nessa linha argumentativa, poderiam ser titularizados pela próprio animal,[84] quer tais bens sejam tutelados pelo direito penal, quer não. A consequência lógica é que se tais bens forem tutelados pelo direito penal, então o animal poderá ser reconhecido como titular de bens jurídico-penais.

Essa conclusão, distante de qualquer argumento especista, consagra a lógica e a razoabilidade de que os crimes contra animais seriam verdadeiramente contra animais e não crimes contra os seres humanos, ou seja, seriam propriamente crimes contra os interesses da vida dos animais.

Coimbra, 30 de maio de 2016. (redação originária)

Porto Alegre, 5 de abril de 2019. (versão revista)

---

[81] BINDING, Karl. *Die Normen und ihre Übertretungen*: Eine Untersuchung über die Rechtmässige Handlung und die Arten des Delikts. Tomo I [Normen und Strafgesetze]. 4ª ed. Leipzig: Verlag von Felix Meiner, 1922. p. 347.

[82] Apesar de sabermos que "só se pode admitir [...] que existe um delito de crueldade com animais, porque a proteção de animais não é proteção do meio ambiente". (GRECO, Luís. Proteção de bens jurídicos e crueldade com animais. *Revista Liberdades*, nº 3, jan/abr, 2010. p. 47-59. p. 53).

[83] Ver, por todos, SINGER, Peter. *Animal Liberation: The definitive classic of the animal movement*. New York: HarperCollins Publishers, 2009. p. 213 e seg.

[84] Ver, por todos, KRAEMER, Alexandra. *Tierschutz und Strafrecht: Luxus oder Notwendigkeit?* Berlin: Logos Verlag, 2011. p. 77.

Referências

BECK, Ulrich. *Die Risikogesellschaft*: Auf dem Weg in eine andere Moderne. Frankfurt am Main: Suhrkamp, 1995.

BINDING, Karl. *Die Normen und ihre Übertretungen*: Eine Untersuchung über die Rechtmässige Handlung und die Arten des Delikts. Tomo I [Normen und Strafgesetze]. 4ª ed. Leipzig: Verlag von Felix Meiner, 1922.

COSTA, José de Faria. *O perigo em direito penal* (contributo para a sua compreensão dogmática). Reimpressão. Coimbra: Coimbra Editora, 2000.

GRECO, Luís. Proteção de bens jurídicos e crueldade com animais. *Revista Liberdades*, nº 3, jan/abr, 2010. p. 47-59.

HAEBERLIN, Carl Franz Wilhelm Jérôme. *Grundsätze des Criminalrechts*: Nach den neuen deutschen Strafgesetzbüchern. Leipzig: Friedrich Fleischer Verlag, 1848.

HEIDEGGER, Martin. *Os conceitos fundamentais da metafísica*: mundo, finitude, solidão. Trad. Marco Antônio Casanova. 2ª ed. Rio de Janeiro: Forense Universitária, 2011.

——. *Sein und Zeit*. Tübingen: Max Niemeyer Verlag, 2006.

KRAEMER, Alexandra. *Tierschutz und Strafrecht*: Luxus oder Notwendigkeit? Berlin: Logos Verlag, 2011.

ROXIN, Claus. *Strafrecht*. Allgemeiner Teil. Band I: Grundlagen – Der Aufbau der Verbrechenslehre. 4ª ed. München: Verlag C.H Beck, 2006.

SINGER, Peter. *Animal Liberation*: The definitive classic of the animal movement. New York: HarperCollins Publishers, 2009.

STEIN, Ernildo. *Antropologia filosófica*: questões epistemológicas. 3ªed. rev. Porto Alegre: Livraria do Advogado, 2018.

5. Direito penal e proteção de animais

(Texto com base na conferência apresentada na Universidade de Osnabrück, Alemanha, em 07.07.2016)

— I —
Expondo a questão

A nossa investigação nos leva a expor uma questão que diz respeito ao âmbito dos fundamentos da dogmática jurídico-penal. Trata-se da pergunta pela possibilidade de os animais serem titulares de bens jurídico-penais, ela poderá ser assim formulada: poderíamos reconhecer os animais como titulares de bens jurídico-penais?

— II —
O que é a tutela penal de animais?

Sabemos que a proteção de animais por meio do direito penal não é uma novidade, sobretudo na Alemanha, onde foi criado o tipo penal de crueldade contra animais no ano de 1838, previsto no Código Penal da Saxônia.[85] Poderíamos arriscar dizer que a tutela penal de animais, de um jeito ou de outro, integra uma espécie de âmbito temático clássico da dogmática jurídico-penal.[86]

Em diferentes momentos da história do direito penal, variados autores da dogmática jurídico-penal, de Binding[87] a Roxin,[88] por

[85] HAEBERLIN, Carl Franz Wilhelm Jérôme. *Grundsätze des Criminalrechts*: Nach den neuen deutschen Strafgesetzbüchern. Leipzig: Friedrich Fleischer Verlag, 1848. p. 319 e 320; KRAEMER, Alexandra. *Tierschutz und Strafrecht: Luxus oder Notwendigkeit ?* Berlin: Logos Verlag, 2011. p. 4; WIEGAND, Klaus Dieter. *Die Tierquälerei*: ein Beitrag zur historischen, strafrechtlichen und kriminologischen Problematik der Verstöße gegen §17 Tierschutzgesetz. Lübeck: Verlag Max Schmidt-Römhild, 1979. p. 32.

[86] Com a expressão "âmbito temático clássico" queremos significar, aqui, um conjunto de temas que aparecem e desafiam a dogmática jurídico-penal já com uma antiguidade secular.

[87] BINDING, Karl. *Die Normen und ihre Übertretungen*: Eine Untersuchung über die Rechtmässige Handlung und die Arten des Delikts. Tomo I [Normen und Strafgesetze]. 4ª ed. Leipzig: Verlag von Felix Meiner, 1922. p. 347.

[88] ROXIN, Claus. *Strafrecht. Allgemeiner Teil. Band I*: Grundlagen – Der Aufbau der Verbrechenslehre. 4ª ed. München: Verlag C.H Beck, 2006. p. 671.

exemplo, enfrentaram o tema. Entretanto, a tutela penal de animais poderá ser percebida ainda como um problema em aberto para a dogmática,[89] o que nos leva, sem qualquer forma de hesitação, a questionar as razões que sustentariam esse estado da questão.

Diversas razões, que poderiam nos levar a diferentes respostas, acenam-nos para um fio condutor comum, uma questão que parece atravessar a pluralidade de problemas que teríamos como apontar na tutela penal de animais: a questão da própria legitimidade dos chamados crimes contra animais.

A considerar um quadro referencial teórico que reconheça a tarefa do direito penal como a exclusiva proteção subsidiária de bens jurídicos,[90] poderíamos começar perguntando pelo bem jurídico ou pelos bens jurídicos que seriam tutelados no tipo penal de crueldade contra animais: seriam os sentimentos humanos de piedade e compaixão para com os animais? Deveríamos, nesse caso, primeiro perguntar pela própria legitimidade da tutela penal de sentimentos: haveria, hoje, algum espaço ainda para os chamados "crimes de proteção de sentimento"?[91]

Somos inevitavelmente conduzidos a uma resposta negativa, a considerar que o direito penal, em um Estado Democrático de Direito, deverá visar somente à tutela de valores objetivos. A considerar o sistema de proteção jurídica de animais na Alemanha, somos levados a buscar orientação no § 1º da Lei de Proteção dos Animais para tentarmos identificar possíveis ou prováveis bens jurídicos que seriam tutelados por meio do tipo penal de crueldade contra animais. O dispositivo traz a seguinte redação:

> O objetivo desta lei, com a responsabilização dos seres humanos, é proteger a vida e o bem-estar dos animais enquanto cocriaturas. Ninguém poderá, sem motivo razoável, causar dor, sofrimento ou lesão a um animal.[92]

A partir da orientação trazida pelo dispositivo, que acena para a proteção da vida e do bem-estar dos animais, enquanto objetivo perse-

[89] Compreendemos a tutela penal de animais como um "problema em aberto" para a dogmática jurídico-penal porque teríamos, ainda hoje, muito mais questões que respostas sobre esse âmbito de intervenção, que inevitavelmente desafia de modo singular os limites do direito penal.

[90] Ver, por todos, COSTA, José de Faria. *Direito penal*. Lisboa: Imprensa Nacional, 2017. p. 21.

[91] HÖRNLE, Tatjana. *Grob anstößiges Verhalten. Strafrechtlicher Schutz von Moral, Gefühlen und Tabus*. Frankfurt am Main: Vittorio Klostermann, 2004; HÖRNLE, Tatjana. Der Schutz von Gefühlen im StGB. In: HEFENDEHL, Roland; HIRSCH, Andrew von; WOHLERS, Wolfgang (Orgs.). *Die Rechtsgutstheorie*: Legitimationsbasis des Strafrechts oder dogmatisches Glasperlenspiel? Baden-Baden: Nomos Verlagsgesellschaft, 2003.

[92] *Tierschutzgesetz*, 24 de julho de 1972 [alterada em 28 de julho de 2014], Erster Abschnitt, Grundsatz, § 1.

guido pela lei, poderemos perguntar se estes seriam os bens jurídicos tutelados pelo tipo penal de crueldade contra animais,[93] positivado no § 17 da referida lei, que traz a seguinte redação:

> Será punido com pena privativa de liberdade de até três anos ou multa, quem: 1. Matar um animal vertebrado sem motivo razoável; 2. Infligir a um animal vertebrado: a) consideráveis dores ou sofrimentos por mera crueldade ou b) consideráveis dores ou sofrimentos prolongados ou repetidos.[94]

Poderíamos perguntar, também, pela possibilidade de os animais titularizarem tais bens jurídicos, o que nos remeteria de volta ao questionamento originário: poderiam os animais ser reconhecidos como titulares de bens jurídico-penais?

Precisaremos assumir a tentativa de lançar algumas luzes na escuridão de determinados pressupostos, preparando um solo teórico para que a pergunta possa ser colocada sem o obscurecimento pelas mais corriqueiras formas de incompreensão preliminar. Teremos de estar atentos, em um primeiro momento, a três pontos essenciais: (1º) a pergunta pela possibilidade de os animais serem titulares de bens jurídico-penais não é uma pergunta pela possibilidade de os animais terem direitos subjetivos; (2º) a pergunta pela possibilidade de os animais serem titulares de bens jurídico-penais não é uma pergunta sobre o direito penal ambiental; (3º) a pergunta pela possibilidade de os animais serem titulares de bens jurídico-penais não é uma pergunta pela tutela penal da moral.

Em relação ao primeiro ponto, precisaremos ter a clareza de princípio quanto à distinção entre bem jurídico e direito subjetivo. Operamos com essa distinção, desde Birnbaum até hoje,[95] e ela nos faz perceber que para reconhecermos os animais como titulares de bens jurídico-penais não precisaremos, necessariamente, conceder que eles sejam sujeitos de direitos.

Em relação ao segundo ponto, teremos de observar a enorme diferença e distância que há entre a tutela penal de animais e a tutela penal do meio ambiente, o que leva Greco a afirmar que "só se pode

---

[93] Kraemer apresenta essa hipótese: "os bens jurídicos da norma penal [de crueldade contra animais], com isso, apenas podem ser a vida e o bem-estar dos animais". (KRAEMER, Alexandra. *Tierschutz und Strafrecht: Luxus oder Notwendigkeit?* Berlin: Logos Verlag, 2011. p. 77).

[94] *Tierschutzgesetz*, 24 de julho de 1972 [alterada em 28 de julho de 2014], Erster Abschnitt, Grundsatz, § 17.

[95] BIRNBAUM, Johann Michael Franz. Ueber das Erfordernis einer Rechtsverletzung zum Begriffe des Verbrechen mit besonderer Rücksicht auf den Begriff der Ehrenkränkung. *Archiv des Criminalrechts*. Neue Folge, 1834. p. 149-194.

admitir [...] que existe um delito de crueldade com animais, porque a proteção de animais não é proteção do meio ambiente".[96]

Em sentido amplo, é claro que por meio da tutela penal do meio ambiente se tutelam animais. Mas não o animal individualmente considerado, estando em questão a tutela de uma coletividade de animais: a fauna. No sistema jurídico-penal alemão, a clareza sobre essa distinção se dá de uma forma objetiva, pois o tipo penal de crueldade contra animais está positivado na própria Lei de Proteção dos Animais, ao contrário do sistema jurídico-penal brasileiro, em que esse tipo penal está localizado na Lei de Crimes Ambientais (Lei nº 9.605/1998).

Em relação ao terceiro ponto a ser esclarecido, devemos ter a consciência que a proteção de animais não deveria ser compreendida no âmbito de proteção da ordem moral, como ainda era, com amplas margens de consenso, no começo do século XX.[97] No paradigma constitucional vigente, não poderemos conceder que o tipo penal de crueldade contra animais possa visar à tutela de sentimentos, como os sentimentos de piedade e compaixão.

Se compreendermos que a tutela subsidiária de bens jurídicos é a exclusiva tarefa do direito penal, de modo a recusarmos a legitimidade dos tipos penais sem bens jurídicos, deveremos atentar para que os bens jurídico-penais reflitam valores objetivos, passíveis de ofensa objetiva, a excluir qualquer possibilidade de reconhecermos sentimentos que pudessem ser tutelados pelo direito penal.

— III —
A ontológica diferença entre homem e animal como condição de possibilidade para o reconhecimento dos animais enquanto titulares de bens jurídico-penais

Ao superarmos as questões colocadas nos três pontos apresentados, surge a necessidade de enfrentarmos uma outra questão, que poderá ser analisada predominantemente no registro das condições de possibilidade. Estamos frente a uma questão que poderá ser enfrentada em nível teórico-filosófico, o que nos permitirá, posteriormente, operar em nível teórico-dogmático com uma maior consciência dos pressupostos não-empíricos que sustentam o fenômeno jurídico-penal em análise. Trata-se da seguinte questão: seria a pergunta pela

[96] GRECO, Luís. Proteção de bens jurídicos e crueldade com animais. *Revista Liberdades*, nº 3, jan/abr, 2010. p. 47-59. p. 53.

[97] Ver, por todos, KLENK, Philipp. *Tierquälerei und Sittlichkeit*. Langensalza: Verlag von Hermann Beyer & Söhne, 1902. p. 31 e seg.

possibilidade de os animais serem titulares de bens jurídico-penais uma pergunta pela igualdade entre homem e animal?

Em relação a essa questão, não parece razoável a tentativa de vislumbrar a igualdade de interesses entre homem e animal, apesar de todo o esforço teórico de Singer, sobretudo ao sustentar essa ideia em *Libertação Animal*.[98] Não obstante a pergunta pela possibilidade de os animais serem titulares de bens jurídico-penais passar ao largo da discussão sobre a igualdade entre homem e animal, a refutação da ideia de igualdade e a demonstração da diferença nos ajuda a lançar luzes em alguns pressupostos normalmente não discutidos, que estão no âmbito das condições de possibilidade, o âmbito propriamente filosófico, que antecede o conhecimento dogmático.

Uma das mais fundamentais diferenças entre homem e animal diz respeito ao modo de se relacionar com o mundo. Heidegger analisou ontologicamente essa diferença na obra *Os conceitos fundamentais da metafísica: mundo, finitude e solidão*. Para o filósofo, o animal seria "pobre de mundo", enquanto o homem seria "formador de mundo",[99] e essa distinção não traria qualquer conotação depreciativa ou antropocêntrica-radical.

Ao possuir o existencial da compreensão,[100] o homem seria "formador de mundo", pois teria não somente o acesso aos entes, mas ao ente enquanto ente. Já o animal seria "pobre de mundo" pela ausência desse mesmo existencial. Ele teria acesso aos entes e, por isso, possuiria mundo, mas não teria acesso ao ente enquanto ente.

Exemplificando, o lagarto poderia deitar sobre uma pedra ao sol. Ele sentirá o calor da pedra e perceberá a luminosidade do sol, mas não saberá que a pedra é pedra e que o sol é sol, pois não possui acesso ao ente enquanto ente. Ele precisaria da linguagem para compreender, para saber o que "é", já que "a linguagem é a casa do ser".[101]

No idêntico cenário do exemplo, o homem poderia deitar-se sobre a pedra, ao lado do lagarto, banhando-se com o sol. Mas, ao contrário do lagarto, ele poderá compreender que o lagarto é lagarto, poderá até mesmo fazer apontamentos mineralógicos sobre a

[98] SINGER, Peter. *Animal Liberation*: The definitive classic of the animal movement. New York: Harper Collins Publishers, 2009. p. 5; SINGER, Peter. *Ética Prática*. Trad. Jefferson Luiz Camargo. São Paulo: Martins Fontes, 2002. p. 66.

[99] HEIDEGGER, Martin. *Os conceitos fundamentais da metafísica*: mundo, finitude, solidão. Trad. Marco Antônio Casanova. 2ª ed. Rio de Janeiro: Forense Universitária, 2011. p. 230.

[100] HEIDEGGER, Martin. *Sein und Zeit*. Tübingen: Max Niemeyer Verlag, 2006. p. 144 e seg.

[101] HEIDEGGER, Martin. *Brief über den Humanismus*. Frankfurt am Main: Vittorio Klostermann, 1967. p. 145.

pedra ou, ainda, apontamentos sobre a constituição física do lagarto; e, com o existencial da compreensão, esse mesmo homem poderá aprender cada vez mais e, assim, ampliar o seu mundo, tanto em extensão de conhecimentos, quanto em profundidade. Ele poderá, por essas razões, formar o seu mundo e se autodescrever como "formador de mundo".

As vantagens de ser "formador de mundo" se traduzem em uma forma de poder sobre o "pobre de mundo". Ao dispor da força do compreender, por conta da diferença que há entre os dois entes, o homem poderá submeter o animal ao sofrimento desnecessário e em nível intolerável. Então, esse mesmo poder deverá ser reconhecido como um poder-dever, uma vantagem que lhe traz responsabilidades. Podemos falar, assim, que o homem possuiria um poder-dever de cuidado para com os animais. Estaríamos frente a um cuidado com a especial fragilidade do animal, fragilidade que o leva a ser dominado pelo homem.

Nesse quadro teórico, portanto, a proteção dos animais não estaria assentada na igualdade entre homem e animal, mas antes na diferença. É na diferença, e pela diferença, que o animal se deixa mostrar como um ser especialmente frágil, que possui interesses vitais – não raramente conflitantes com os do homem – e que, inevitavelmente, necessitará da proteção de tais interesses contra as mais intoleráveis formas de crueldade.

Portanto, a igualdade entre homem e animal não seria uma premissa para o reconhecimento dos animais como titulares de bens jurídico-penais, mas a diferença entre os dois entes poderá ser.

— IV —
Sobre a titularidade dos valores "vida" e "bem-estar"

A partir da compreensão da vulnerabilidade do animal perante o homem, poderíamos procurar identificar a titularidade dos valores "vida" e "bem-estar", positivados no § 1º da Lei de Proteção de Animais alemã. Quem seriam os titulares desses valores? Homem ou animal? Quem propriamente seria possuidor desses interesses vitais?

A dogmática jurídico-penal, imersa naquilo que já foi chamado de miopia antropocêntrica, dirá – por meio de muitos dos seus autores – que se houver titular dos valores "vida-animal" e "bem-estar-animal", então esse titular deverá ser o homem. Mas seria razoável essa compreensão? E se pudéssemos pensar "fora" do paradigma antropocêntrico-radical, se pudéssemos pensar o fenômeno sem presumir de modo absoluto que todos os "interesses da vida"[102] necessariamente serão humanos?

Então, poderíamos colocar em liberdade um horizonte de compreensão em que os chamados "crimes contra animais" seriam efetivamente percebidos como crimes contra os interesses da vida dos animais, e não precisaríamos eclipsar a existência de um verdadeiro bem jurídico tutelado por meio do tipo penal de crueldade contra animais, nem precisaríamos recorrer a uma hipótese antiliberal e que poderia ser considerada descolada da realidade da vida concreta, a exemplo da interpretação da crueldade como crime contra os sentimentos de piedade e compaixão, no contexto de proteção da ordem moral nas relações entre homem e animal.[103]

Poderemos, desse modo, superar as limitações antropocêntrico-radicais na compreensão do fenômeno da tutela penal de animais e, então, quem sabe, o direito penal poderia encontrar, na proteção de animais, uma tarefa: a tutela da vida e do bem-estar dos animais, enquanto bens jurídicos titularizados pelo próprio animal; despindo-se de pré-compreensões que poderiam ser reconhecidas como obsoletas, já que sempre estarão sujeitas ao inescapável devir histórico que constantemente mudará o mundo do direito penal.

— V —
O que fica?

A dogmática jurídico-penal pode e deve levantar a pergunta que poderia ser compreendida como fundamental para pensarmos a tutela penal de animais: a pergunta pela possibilidade de os animais serem titulares de bens jurídico-penais.[104] Assumirmos a possibilidade de reconhecer os animais como titulares de bens jurídico-penais seria apenas uma forma – dentre tantas outras possíveis – de compreendermos o fenômeno da tutela penal de animais. Uma forma aberta às conquistas teóricas, gradualmente sedimentadas, que sinalizam para o desgaste do paradigma antropocêntrico-radical. Assim, seria possível colocarmos em liberdade uma compreensão que não se incomodará

---

[102] LISZT, Franz von. *Lehrbuch des deutschen Strafrechts*. Berlin: J. Guttentag Verlagsbuchhandlung, 1900. p. 53.

[103] Ver, por todos, LÖÖCK, Carmen. *Das Tierschutzstrafrecht nach Einfügung der Staatszielbestimmung 'Tierschutz' in das Grundgesetz (Art. 20a GG): Theorie und Praxis*. Hamburg: Verlag Dr. Kovač, 2016. p. 70.

[104] TEIXEIRA NETO, João Alves. Aproximações à tutela penal de animais: desvelando a pergunta pela possibilidade de os animais serem titulares de bens jurídico-penais. *Revista de Estudos Criminais*, nº 65 (2017).

em desconfiar das absolutizações nas leituras dos conceitos e categorias, canonizados pela tradição, percebendo-se, nesse modo de refletir criticamente, a semente do progresso teórico.

Frankfurt am Main, 5 de julho de 2016. (redação originária)

Porto Alegre, 5 de abril de 2019. (versão em português)

Referências

BINDING, Karl. *Die Normen und ihre Übertretungen*: Eine Untersuchung über die Rechtmässige Handlung und die Arten des Delikts. Tomo I [Normen und Strafgesetze]. 4ª ed. Leipzig: Verlag von Felix Meiner, 1922.

BIRNBAUM, Johann Michael Franz. Ueber das Erfordernis einer Rechtsverletzung zum Begriffe des Verbrechen mit besonderer Rücksicht auf den Begriff der Ehrenkränkung. *Archiv des Criminalrechts*. Neue Folge, 1834. p. 149-194.

COSTA, José de Faria. *Direito penal*. Lisboa: Imprensa Nacional, 2017.

GRECO, Luís. Proteção de bens jurídicos e crueldade com animais. *Revista Liberdades*, nº 3, jan/abr, 2010. p. 47-59. p. 53.

HAEBERLIN, Carl Franz Wilhelm Jérôme. *Grundsätze des Criminalrechts: Nach den neuen deutschen Strafgesetzbüchern*. Leipzig: Friedrich Fleischer Verlag, 1848.

HEIDEGGER, Martin. *Brief über den Humanismus*. Frankfurt am Main: Vittorio Klostermann, 1967.

——. *Os conceitos fundamentais da metafísica*: mundo, finitude, solidão. Trad. Marco Antônio Casanova. 2ª ed. Rio de Janeiro: Forense Universitária, 2011.

——. *Sein und Zeit*. Tübingen: Max Niemeyer Verlag, 2006.

HÖRNLE, Tatjana. Der Schutz von Gefühlen im StGB. In: HEFENDEHL, Roland; HIRSCH, Andrew von; WOHLERS, Wolfgang (Orgs.). *Die Rechtsgutstheorie: Legitimationsbasis des Strafrechts oder dogmatisches Glasperlenspiel?* Baden-Baden: Nomos Verlagsgesellschaft, 2003.

——. Grob anstößiges Verhalten. Strafrechtlicher Schutz von Moral, Gefühlen und Tabus. Frankfurt am Main: Vittorio Klostermann, 2004.

KLENK, Philipp. *Tierquälerei und Sittlichkeit*. Langensalza: Verlag von Hermann Beyer & Söhne, 1902.

KRAEMER, Alexandra. *Tierschutz und Strafrecht*: Luxus oder Notwendigkeit ? Berlin: Logos Verlag, 2011.

LISZT, Franz von. *Lehrbuch des deutschen Strafrechts*. Berlin: J. Guttentag Verlagsbuchhandlung, 1900.

LÖÖCK, Carmen. *Das Tierschutzstrafrecht nach Einfügung der Staatszielbestimmung 'Tierschutz' in das Grundgesetz (Art. 20a GG)*: Theorie und Praxis. Hamburg: Verlag Dr. Kovač, 2016.

ROXIN, Claus. Strafrecht. *Allgemeiner Teil. Band I*: Grundlagen – Der Aufbau der Verbrechenslehre. 4ª ed. München: Verlag C.H Beck, 2006.

SINGER, Peter. *Animal Liberation*: The definitive classic of the animal movement. New York: HarperCollins Publishers, 2009.

——. *Ética Prática*. Trad. Jefferson Luiz Camargo. São Paulo: Martins Fontes, 2002.

TEIXEIRA NETO, João Alves. Aproximações à tutela penal de animais: desvelando a pergunta pela possibilidade de os animais serem titulares de bens jurídico-penais. *Revista de Estudos Criminais*, nº 65 (2017).

WIEGAND, Klaus Dieter. Die Tierquälerei: ein Beitrag zur historischen, strafrechtlichen und kriminologischen Problematik der Verstöße gegen §17 Tierschutzgesetz. Lübeck: Verlag Max Schmidt-Römhild, 1979.

6. Para que direito penal e filosofia hoje?

— I —

Em tempos de sobreaceleração, liquidez, instantaneidade da informação e hipercomunicação, para que direito penal e filosofia?[105] Talvez possamos colocar o questionamento em um registro anterior, ainda mais originário: a considerar o "cronótopo" em que vivemos, formado por um "amplo presente",[106] é possível ainda pensarmos o direito penal por meio da filosofia?

O cronótopo atual privilegia o instantâneo,[107] enquanto o instantâneo privilegia o superficial; e o superficial, por sua vez, simplifica a realidade, fortalecendo uma forma específica de pensamento: o "pensamento calculador",[108] aquele preguiçoso ou ocupado demais para meditar.

Estamos preguiçosos ou ocupados demais para meditar sobre o direito penal? Podemos olhar ao nosso redor e perceber muito mais que variadas formas de "Direito Penal Esquematizado" ou incontáveis publicações que não pensam em nada – nem de perto, nem de longe – as coisas do direito penal, ou, ainda, a obsessão pela quantidade de trabalhos "científicos", em detrimento da qualidade de pesquisa, aparentemente chancelada – ou mesmo, ironicamente, "fomentada" – pelas instituições de fomento. Podemos perceber, sim, mais que nunca,

[105] Essa questão não deixa de estar na esteira da interrogação já colocada por Kaufmann: "para que filosofia do direito hoje?". (KAUFMANN, Arthur. *Wozu Rechtsphilosophie heute*. Frankfurt am Main: Athenäum Verlag, 1971).

[106] Ver, por todos, GUMBRECHT, Hans Ulrich. *Nosso amplo presente*: o tempo e a cultura contemporânea. Trad. Ana Isabel Soares. São Paulo: Editora Unesp, 2015. p. 131 e seg.

[107] Heidegger, na década de cinquenta, já analisara o fenômeno que estamos descrevendo: "Pois, hoje, toma-se o conhecimento de tudo e de todos pelo caminho mais rápido e menos custoso e, no mesmo momento, igualmente depressa se esquece". (*Denn man nimmt heute alles und jedes auf dem schnellsten und billigsten Weg zur Kenntnis und hat es im selben Augenblick ebenso rasch vergessen*). (HEIDEGGER, Martin. *Gelassenheit*. 2ª ed. Tübingen: Neske, 1960. p. 13).

[108] *Ibidem*. p. 14 e 15.

a grande ameaça de morte do pensamento meditativo em relação ao direito penal, a ameaça do fim da filosofia na discursividade jurídico-penal.[109]

E nos escandalizamos ao perceber essa realidade? Ao que tudo indica, nem um pouco. Parece que desenvolvemos coletivamente – no registro da inautenticidade do "impessoal",[110] por excelência – uma espécie de "dom de resiliência" e, assim, aceitamos passivamente, com uma tranquilidade quase pueril, a miséria do raso ou a pobreza teórica, a simplificação desmedida e, ao fim, a ameaça de morte do pensamento que medita as coisas do direito penal.

Mas poderíamos, apenas pelo sabor de argumentar, sugerir que o pensamento que medita é "demasiadamente elevado"[111] para a cotidianidade do direito penal, que ele exigiria algo que os atores do mundo do direito não poderiam oferecer? A resposta parece ser negativa. Meditar é o que há de mais próprio no ser humano e, assim, o pensamento meditativo, aquele que reflete, antes de ser o mais longínquo, é o que está mais próximo.[112] Ele precisa apenas ser treinado.[113]

— II —

E como se treina o pensamento meditativo? A resposta é mais simples do que podemos imaginar: apenas precisamos colocar o filosofar em curso.[114] Sim, precisamos colocar o filosofar sobre as coisas do direito penal em curso, pensando meditativamente os seus conceitos e categorias fundamentais, problematizando as soluções *express*, apontadas tanto para os novos problemas da dogmática jurídico-penal, quanto para os seus problemas fundamentais (clássicos), tomando a consciência de que o direito penal possui um enraizamento não apenas cultural e esculpido por visões de mundo, mas – também, muitas vezes – um enraizamento ideológico.

Ao colocar o filosofar em curso, em relação ao direito penal, assume-se a possibilidade de uma outra dimensão de análise, uma

[109] TEIXEIRA NETO, João Alves. A serenidade para com as coisas do direito penal: no limiar entre o pensamento que medita e o pensamento que calcula. *Revista de Estudos Criminais*, v. 48, 2013. p. 197-208.

[110] HEIDEGGER, Martin. *Sein und Zeit*. Tübingen: Max Niemeyer Verlag, 2006. p. 126 e seg.

[111] HEIDEGGER, Martin. *Gelassenheit*. 2ª ed. Tübingen: Neske, 1960. p. 27.

[112] *Ibidem*. p. 23 e 24; HEIDEGGER, Martin. *Introdução à filosofia*. Trad. Marco Antonio Casanova. São Paulo: Editora WMF Martins Fontes, 2009. p. 4.

[113] HEIDEGGER, Martin. *Gelassenheit*. 2ª ed. Tübingen: Neske, 1960. p. 15.

[114] HEIDEGGER, Martin. *Introdução à filosofia*. Trad. Marco Antonio Casanova. São Paulo: WMF Martins Fontes, 2009. p. 5.

dimensão especulativa, transcendental (não-clássica), estruturante, que dispensa os rótulos teóricos, tantas e tantas vezes ornamentais.[115] Podemos até mesmo abrir mão da palavra "filosofia" e substituí-la; não por outra palavra, mas por um modo de proceder.[116]

Ao invés de desperdiçarmos esforços teóricos falando em "filosofia do direito penal" ou em "filosofia penal", poderíamos até mesmo, tão somente, preocupar-nos em assumir uma postura verdadeiramente crítica, propriamente meditativa, em relação às coisas do direito penal. Assim, poderemos descartar as funções decorativa e ornamental – pseudofunções, diga-se de passagem – que tantas e tantas vezes tomam conta da filosofia quando trabalhada no direito.

A ativação do filosofar é, portanto, a assunção de um modo de proceder, a assunção de um modo de pensar, e apenas isso. Esse pensar é crítico, mas também é não-empírico, é direcionado aos elementos que atravessam e antecedem os fenômenos do direito penal. Antes de preocupar-se com a solução de problemas jurídico-penais, esse pensar se ocupa com a problematização das soluções já apresentadas, não raras vezes canonizadas e dogmatizadas, tomadas por claras e evidentes.[117]

— III —

Mesmo compreendendo muito bem esse modo de proceder, esse modo de pensar, que é a própria ativação do filosofar, o cronótopo em que estamos submersos, inevitavelmente, impulsiona-nos a questionar: mas para que esse modo de pensar? Para que pensar filosoficamente o direito penal? Para que direito penal e filosofia hoje?

Poderíamos buscar argumentos que passassem por elementos de caráter estético, como, por exemplo, a beleza desse pensar, ainda que tal beleza não se confunda com as referidas "funções decorativa e ornamental" da filosofia no direito penal. Ou, ainda, poderíamos argumentar na direção de uma "propriedade" do ser humano, referindo que o pensar meditativo é a sua característica mais própria e, portan-

---

115 "Nenhuma Filosofia vem para ornamentar um discurso jurídico". (STEIN, Ernildo. *Exercícios de fenomenologia: limites de um paradigma*. Ijuí: Unijuí, 2004. p. 157).

116 HEIDEGGER, Martin. *Sobre a questão do pensamento*. Trad. Ernildo Stein. Petrópolis: Editora Vozes, 2009. p. 65 e seg.

117 O "evidente", aquilo que Kant vai chamar de "os juízos secretos da razão comum", segundo Heidegger, "deve ser e permanecer o tema explícito da analítica" (*ausdrückliches Thema der Analytik werden und bleiben soll*), pois seria o "ofício dos filósofos" (*Philosophen Geschäft*). (HEIDEGGER, Martin. *Sein und Zeit*. Tübingen: Max Niemeyer Verlag, 2006. p. 10).

to, pensar filosoficamente o direito penal é fazer jus ao que temos de mais lídimo.

Entretanto, apesar da bondade e – por que não? – veracidade de tais argumentos, não será nessa região que encontraremos as linhas da resposta procurada para a pergunta que colocamos. A resposta inevitavelmente deverá estar ao longo de outro caminho.

— IV —

Esse caminho já é transcendental (não-clássico), não-empírico, especulativo, crítico; ele já é meditativo, filosófico por excelência, ainda que possa dispensar o uso da palavra filosofia. Esse caminho é o caminho das condições de possibilidade do direito penal, nele poderemos encontrar a resposta à pergunta: para que direito penal e filosofia hoje?

Enquanto estiver viva a meditação sobre as coisas do direito penal, enquanto existir a reflexão filosófica sobre o direito penal, estará sendo vigiado o perigo do pensamento que apenas calcula, planeia, objetifica, simplifica, superficializa e empobrece o direito penal, funcionalizando desmedidamente não apenas a sua dogmática, mas, antes e principalmente, o próprio ser humano, que passa a ser nada mais que uma pequena peça na grande engrenagem do circuito da técnica.[118]

Para que direito penal e filosofia hoje? Não apenas para vigiar o já anunciado perigo do pensamento calculador, mas, sobretudo, para que não nos esqueçamos – ao fim e ao cabo – quem verdadeiramente é o criador e, ao mesmo tempo, o destinatário do direito penal: o ente humano e não os números. E para sabermos, ainda, que o modo de acontecer do direito penal nada mais é que um reflexo do modo de ser desse mesmo ente humano.

— V —

Entretanto, responder a pergunta "para que direito penal e filosofia hoje (?)" não esgota a nossa tarefa aqui, é preciso avançar mais. Ao conhecer a resposta para a questão que foi colocada, pode-se desdobrar um universo de problemas decorrentes.

[118] TEIXEIRA NETO, João Alves. A serenidade para com as coisas do direito penal: no limiar entre o pensamento que medita e o pensamento que calcula. *Revista de Estudos Criminais*, v. 48, 2013. p. 197-208.

Sabemos "para que direito penal e filosofia hoje", mas devemos ainda desvelar o solo que sustenta uma tal compreensão. Devemos começar lançando luzes no que estamos referindo por filosofia.

Primeiramente, precisaremos ter a consciência de que a filosofia não se confunde com a história da filosofia.[119] A filosofia se mostra como o próprio pensar meditativo, a atitude do pensamento filosófico, enquanto a história da filosofia seria o pensamento legado pela tradição filosófica. Essa consciência nos permite desviar de muitos equívocos teóricos que vão se dando no âmbito da utilização decorativa ou ornamental da filosofia no direito penal.

Muitas vezes, utiliza-se o conhecimento legado pela tradição filosófica como um recurso estético para de uma forma ou de outra embelezar textos situados nos âmbitos temáticos da dogmática jurídico-penal, ou seja, utiliza-se a história da filosofia como um enxerto que, em tese, seria capaz de "aprimorar" trabalhos científicos de direito penal. Certamente uma tal utilização descontextualizada e equivocada, da filosofia no direito penal, constitui verdadeira tragédia intelectual. Textos de Aristóteles, Kant ou Hegel, por exemplo, são colacionados em trabalhos de direito penal como se fossem passagens de julgados, aptos a corroborar uma determinada hipótese jurídico-penal defendida. Isso obviamente não é a utilização da filosofia no direito penal e, em verdade, está muito longe de ser.

A história da filosofia, quando utilizada no direito penal e em qualquer âmbito da juridicidade, deve servir tão somente como um impulso para pensarmos filosoficamente, "junto" com os filósofos da tradição filosófica, determinados temas de nosso interesse. A história da filosofia jamais deveria ser utilizada como uma espécie de bengala ou como um mero recurso argumentativo de que possa se valer a dogmática jurídico-penal.

Por essa razão, é possível trabalharmos com filosofia, no direito penal, sem utilizarmos nem ao menos uma citação ou referência direta aos filósofos da tradição filosófica. Podemos pensar filosoficamente temas de direito penal sem precisarmos, em nenhum momento, diretamente recorrer à história da filosofia.

Fica claro, desse modo, que um determinado texto de direito penal pode não conter nada de filosofia, de pensamento meditativo, de

---

[119] "Adquirir conhecimentos, mesmo conhecimentos eruditos e abrangentes quanto ao que e como os filósofos pensaram, até pode ser útil. No entanto, sua utilidade não se reverte para o filosofar. Ao contrário: a posse de conhecimentos sobre filosofia é a principal causa da ilusão de que com isso estaríamos alcançando o filosofar". (HEIDEGGER, Martin. *Introdução à filosofia*. Trad. Marco Antonio Casanova. São Paulo: Editora WMF Martins Fontes, 2009. p. 5).

análise filosófica, ainda que traga exaustivas citações e referências de diversas obras dos filósofos da história da filosofia; tanto quanto um texto que não traga absolutamente nenhuma citação ou referência à mesma história da filosofia possa ser inteiramente e legitimamente filosófico.

Poderíamos, até mesmo, chamar essa legítima utilização da filosofia no direito penal como *a utilização material do pensamento filosófico na dogmática*, enquanto aquela utilização não-filosófica da história da filosofia no direito penal poderia ser chamada de uma *utilização meramente formal do pensamento filosófico na dogmática.*

— VI —

O direito penal efetivamente se serve da filosofia quando pensamos filosoficamente os problemas da dogmática jurídico-penal. Esse pensar filosófico, meditativo, acontece quando buscamos apanhar – "trazer à superfície" – os elementos pré-normativos, aqueles de caráter especulativo, de nível transcendental (não-clássico), de função estruturante, de registro não-empírico.[120]

Esses elementos normalmente, em nível de consciência do pesquisador dos fenômenos jurídico-penais, estão "enterrados". São elementos que – queiramos ou não – estão presentes de um modo latente, sustentando o nível de operação teórica cotidiana da dogmática jurídico-penal (propriamente científica).

Pensar filosoficamente o direito penal passa por um movimento reflexivo, por uma direção da interrogação, que retira do estado de latência os elementos pré-normativos, trazendo-os para uma espécie de "estado de consciência", que faz com que os vejamos claramente e possamos descrevê-los, enriquecendo o repertório técnico da dogmática jurídico-penal, de um modo sem retorno.

O direito penal ganha, assim, uma força teórica particular, normalmente descrita como um "fundamento",[121] que lhe permite ir mais além, em profundidade e extensão, nas análises dos fenômenos que constituem o seu objeto.[122] Essa força teórica não poderá diretamente resolver os problemas empíricos da dogmática jurídico-penal, mas

---

[120] KAUFMANN, Arthur; HASSEMER, Winfried [Orgs.]. *Einführung in Rechtsphilosophie und Rechtstheorie der Gegenwart*. Heidelberg: C.F Müller Juristischer Verlag, 1977. p. 4.

[121] Ver, por todos, HEIDEGGER, Martin. *Sobre a questão do pensamento*. Trad. Ernildo Stein. Petrópolis: Editora Vozes, 2009. p. 66.

[122] COSTA, José de Faria. *O perigo em direito penal (contributo para a sua fundamentação e compreensão dogmáticas)*. Reimpressão. Coimbra: Coimbra Editora. 2000.

poderá, sim, colocá-la em um outro nível de consciência, um espaço privilegiado em clareza de pressupostos, que condicionará a possibilidade das melhores escolhas no registro empírico.

Porto Alegre, 06 de março de 2019.

Referências

COSTA, José de Faria. O perigo em direito penal (contributo para a sua fundamentação e compreensão dogmáticas). Reimpressão. Coimbra: Coimbra Editora. 2000.

GUMBRECHT, Hans Ulrich. *Nosso amplo presente: o tempo e a cultura contemporânea*. Trad. Ana Isabel Soares. São Paulo: Editora Unesp, 2015.

HEIDEGGER, Martin. *Gelassenheit*. 2ª ed. Tübingen: Neske, 1960.

——. *Introdução à filosofia*. Trad. Marco Antonio Casanova. São Paulo: Editora WMF Martins Fontes, 2009.

——. *Sein und Zeit*. Tübingen: Max Niemeyer Verlag, 2006.

——. *Sobre a questão do pensamento*. Trad. Ernildo Stein. Petrópolis: Editora Vozes, 2009.

KAUFMANN, Arthur; HASSEMER, Winfried [Org.]. *Einführung in Rechtsphilosophie und Rechtstheorie der Gegenwart*. Heidelberg: C.F Müller Juristischer Verlag, 1977.

——. *Wozu Rechtsphilosophie heute*. Frankfurt am Main: Athenäum Verlag, 1971

STEIN, Ernildo. Exercícios de fenomenologia: limites de um paradigma. Ijuí: Unijuí, 2004.

TEIXEIRA NETO, João Alves. A serenidade para com as coisas do direito penal: no limiar entre o pensamento que medita e o pensamento que calcula. *Revista de Estudos Criminais*, v. 48, 2013. p. 197-208.

7. A serenidade para com as coisas do direito penal: no limiar entre o pensamento meditativo e o pensamento calculador

— I —
Considerações introdutórias

"A *serenidade* para com as coisas" (*die Gelassenheit zu den Dingen*) nos permite buscar o que há de melhor no pensamento calculador e, ao mesmo tempo, resistir às tentações do "não-pensar", resistir às ameaças de morte da filosofia, pois a serenidade mostra que os dois tipos de pensamentos, calculador e meditativo, são indispensáveis, "legítimos e necessários" nas palavras de Heidegger.[123]

No texto intitulado *Gelassenheit* (Serenidade), o filósofo procura descrever a relação entre o pensamento calculador e o mundo técnico, afirmando que a serenidade para com as coisas seria a "atitude do sim e do não simultâneos em relação ao mundo técnico".[124] Heidegger fala em pensar a técnica, não usá-la cegamente, já que "reina em todos os processos técnicos um sentido que reclama o fazer e o deixar estar do Homem".[125]

A serenidade, enquanto busca de um equilíbrio entre o pensamento meditativo e o pensamento calculador, parece-nos soar como um imperativo: "fazer" o que pode ser feito e "deixar" o que não pode ser (*Tun und Lassen*).

---

[123] HEIDEGGER, Martin. *Gelassenheit*. 2ª ed. Tübingen: Neske, 1960. p. 15.

[124] *Ibidem*. p. 25.

[125] *Ibidem*.p. 25.

— II —
O ponto de encontro da dogmática jurídico-penal com a filosofia penal

A dogmática jurídico-penal, enquanto técnica,[126] mostra-se como um campo fértil para o pensamento calculador. Disso já nos adverte Ferraz Júnior, quando sustenta que "a ideia do cálculo em termos de relação custo/benefício está presente no saber jurídico-dogmático da atualidade".[127] A dogmática jurídico-penal, ainda que sem lidar com números, calcula incessantemente.

Porém, se a dogmática jurídico-penal se mostra como o campo fértil para o pensamento calculador, sabendo-se que a serenidade precisará do pensamento meditativo; onde estará este, em relação às coisas do direito penal? A resposta, para nós, parece estar na filosofia penal.

Se a dogmática seria técnica e, notadamente, por isso poderia ser compreendida como pensamento calculador; se o pensamento meditativo, por excelência, seria o pensamento filosófico (a atitude do pensamento filosófico); então, a morada do pensamento meditativo, em relação às coisas do direito penal, parece estar na filosofia penal.[128] E a serenidade para com as coisas do direito penal poderia ser encontrada justamente – para nos valer de uma metáfora, utilizada por Faria Costa – na "ponte entre o direito penal e a filosofia penal".[129]

---

[126] FERRAZ JÚNIOR, ao tratar das transformações da dogmática e do seu caráter de "saber tecnológico", sustenta que "a ciência dogmática cumpre as funções típicas de uma tecnologia. Sendo um pensamento conceitual, vinculado ao direito posto, a dogmática pode instrumentalizar-se a serviço da ação sobre a sociedade. [...]. Nesses termos, um pensamento tecnológico é, sobretudo, um pensamento fechado à problematização de seus pressupostos – suas premissas e conceitos básicos têm de ser tomados de modo não problemático – a fim de cumprir sua função: criar condições para a ação. No caso da ciência dogmática, criar condições para a decidibilidade de conflitos juridicamente definidos". (FERRAZ JÚNIOR, Tércio Sampaio. *Introdução ao estudo do direito*: técnica, decisão, dominação. São Paulo: Atlas, 2003. p. 84 e 85).

[127] *Ibidem*. p. 86.

[128] A filosofia penal deve ser compreendida, aqui, como a filosofia do direito no âmbito das coisas do direito penal. A filosofia do direito, no seu sentido mais restrito e segundo a lição de Reale, pode ser definida como "o estudo metódico dos pressupostos ou condições da experiência jurídica considerada em sua unidade sistemática [...]". (REALE, Miguel. *Filosofia do Direito*. São Paulo: Saraiva, 2011. p. 285 e 286).

[129] COSTA, José de Faria. *Linhas de Direito Penal e Filosofia: alguns cruzamentos reflexivos*. Coimbra: Coimbra, 2005. p. 208. A figura da "ponte", enquanto recurso argumentativo – quando utilizado por Faria Costa, em um contexto ligeiramente diferente – vem a esclarecer o sentido da pena criminal: "Julgamos que a problemática – como tentaremos, em seguida, mostrar – do sentido da pena (criminal) só se densifica e cristaliza em refrações constantes no encontro do pensamento inerente ao direito penal e aqueloutro a que ligada a filosofia penal. Por isso nos socorremos da figura da ponte, enquanto lugar de união entre duas margens, duas ordens de reflexão, sobre o real ético-social. Daí que a ponte, menos que instrumento, menos do que lugar de passagem, ela é, sobretudo, topos inescapável de crítica, de conflito mas também sítio onde se pode ir mais fundo e mais longe para se perceber por que é que carregamos o fardo de punir". (*Ibidem*. p. 207-208).

— III —
A ideia de uma *Gelassenheit* no direito penal

A dogmática jurídico-penal estaria para o pensamento calculador, assim como a filosofia penal estaria para o pensamento meditativo; da mesma forma que a "ponte" estaria para a serenidade. Se a serenidade seria valorar na mesma medida – e, também, no mesmo horizonte compreensivo – o pensamento calculador e o pensamento meditativo, então a "ponte" poderia ser compreendida como a valoração na mesma medida – e, também, no mesmo horizonte compreensivo – da dogmática jurídico-penal e da filosofia penal. Se a *Gelassenheit* é serenidade para com as coisas, então a "ponte", aqui, poderia ser compreendida como a serenidade para com as coisas do direito penal.

Poderíamos questionar qual o sentido de uma tal relação? Essa relação entre o pensamento de Heidegger e a metáfora de Faria Costa, embora possa ser considerada simples, não poderá fundamentadamente ser considerada simplista e, não obstante possa parecer algo trivial, guarda o germe de uma reabertura de olhos às coisas do direito penal. Trata-se de uma aproximação de horizontes, com o intuito de refinar os recursos teóricos que dispomos para meditar sobre as coisas do direito penal.

Esse ato de refinar recursos teóricos para meditarmos sobre as coisas do direito penal poderá nos ajudar a enxergar o "perigo" da dogmática jurídico-penal, no uso do pensamento que lhe é habitual, o pensamento calculador. Entretanto, refinar o pensamento em relação às coisas do direito penal, também, ajuda-nos perceber a virtude da filosofia penal – que, posteriormente, poderá ser interpretada como "salvação" – no uso do pensamento que lhe é próprio, o pensamento meditativo: a possibilidade de realmente pensar.[130]

Sendo a dogmática jurídico-penal uma forma de técnica e, portanto, pensamento calculador, não estaria ela no "ambiente natural" para o desenvolvimento do pensamento meditativo, já que a dogmática é ciência e, assim sendo, o seu modo de proceder inevitavelmente precisará ser instrumental. Sendo a filosofia penal uma forma de reflexão e, portanto, pensamento meditativo, não estaria ela no "ambiente natural" para a busca de instrumentalidades, a considerar que não é técnica, entretanto, a filosofia penal seria um espaço para "realmente pensar".

---

130 O "realmente pensar" deve ser compreendido, aqui, como o pensar meditativamente, o pensar reflexivo, filosófico por excelência, aquele modo de proceder que, segundo Heidegger, não é próprio da ciência, por isso "a ciência não pensa". (HEIDEGGER, Martin. *Was heißt Denken?* Stuttgart: Reclam, 1992. p. 8.).

Torna-se necessário trazer três questões, acompanhadas de suas respectivas hipóteses:

(a) Quando se está a trabalhar no campo da filosofia penal, buscando instrumentalidades; como, nessa hipótese, poderia a filosofia penal não ser um espaço para o pensamento calculador? Parece-nos que, quando se está a buscar instrumentalidades, não se está a trabalhar propriamente no campo da filosofia penal, mas no campo da dogmática jurídico-penal;

(b) Quando se está a trabalhar no campo da dogmática jurídico-penal, buscando-se meditar sobre as coisas do direito penal, procurando-se "realmente pensar"; como, nessa hipótese, poderia a dogmática jurídico-penal não ser espaço para o pensamento meditativo? Parece-nos que quando se busca o pensamento meditativo, quando se busca "realmente pensar", já não se está mais a trabalhar no estrito campo da dogmática jurídico-penal, não na acepção comumente utilizada, mas se estaria a trabalhar no campo da filosofia penal;

(c) Quando se está a trabalhar no campo da dogmática jurídico-penal, buscando instrumentalidades; mas, ao mesmo tempo, se está, conjuntamente,[131] a trabalhar no campo da filosofia penal, buscando o pensamento meditativo, buscando "realmente pensar"; nessa hipótese, onde reina o "fazer" e o "deixar" em relação às coisas do direito penal, o que poderia se desvelar? Parece-nos que, nesse espaço de intersecção teórica, desvelar-se-ia a "ponte" entre a dogmática jurídico-penal e a filosofia penal, eis que aí pode estar a serenidade para com as coisas do direito penal.

— IV —
A necessidade de uma serenidade para com as coisas do direito penal

A necessidade da "ponte", da serenidade para com as coisas do direito penal, vale dizer, da "utilização" conjunta da dogmática ju-

[131] Por "utilização conjunta da dogmática jurídico-penal com a filosofia penal" devemos entender o ato de trabalhar na dogmática jurídico-penal, mas, ao mesmo tempo, pensá-la por meio da filosofia penal. Stein, por outro caminho, parece apontar para o destino que ambicionamos, um destino de diálogo entre ciência e filosofia, entre dogmática jurídico-penal e filosofia penal: "Gostaríamos de ver surgindo interesses filosóficos, manifestando-se esforços de encontrar formas abstratas de apresentação de problemas e interrogações, e que tudo isso não tivesse sua origem no restrito âmbito da Filosofia. Por que não esperar, de diversos campos das ciências e de pessoas, com os mais diversos interesses de conhecimento, uma sadia pretensão de misturar-se com os debates e estudos filosóficos? [...]. Estamos num tempo em que isso não apenas irá acontecer, mas já está ocorrendo em muitos campos teóricos mundo afora". (STEIN, Ernildo. *Inovação na filosofia*. Ijuí: Unijuí, 2011. p. 18).

rídico-penal com a filosofia penal, dá-se por uma razão simples: "a ciência não pensa" (*die Wissenschaft denkt nicht*). São as palavras de Heidegger:

> A ciência não pensa. Esta é uma oração escandalosa. Deixemos nós a oração em seu caráter escandaloso, também quando nós imediatamente acrescentarmos, então, o comentário que a ciência, contudo, constantemente e de um modo especial se faz com o pensar. (*Die Wissenschaft denkt nicht. Das ist ein anstößiger Satz. Lassen wir dem Satz seinem anstößigen Charakter auch dann, wenn wir sogleich den Nachsatz anfügen, daß die Wissenschaft es gleichwohl stets und auf ihre besondere Weise mit dem Denken zu tun hat*).[132]

Portanto, a dogmática jurídico-penal, enquanto ciência do direito penal, enquanto técnica, "não pensaria", ela simplesmente calcularia, ainda que não trabalhe constantemente com números. E não há nada errado nisso, em verdade, antes de ser um defeito, essa característica constitui uma vantagem.

O fato de a ciência "não pensar", revelando-se isso uma qualidade, não impõe grandes dificuldades de compreensão, pois é próprio das ciências, quaisquer que sejam, ocuparem-se da "solução de problemas".[133] E a solução de problemas "não requer pensamento", ou seja, não requer pensamento meditativo, não requer "realmente pensar"; requereria apenas cálculos, pensamento calculador, mesmo na ausência de números.

Mas o ato de se ocupar com os "problemas da solução",[134] com o sentido das coisas, requer "realmente pensar". Por isso, os problemas da solução diriam respeito ao outro lado da "ponte", à filosofia, ao pensamento meditativo, no caso das coisas do direito penal, à filosofia penal.[135]

---

[132] HEIDEGGER, Martin. *Was heißt Denken?* Stuttgart: Reclam, 1992. p. 8. O argumento de Heidegger é clarificado por Stein, quando sustenta que "se chamarmos de pensamento somente aquele capaz de sentido e se a ele opusermos a formalização e o cálculo, então a ciência não pensa. [...]", já que "a ciência recolhe dados, organiza-o, calcula, deduz leis". (STEIN, Ernildo. *Uma breve introdução à filosofia*. Ijuí: Unijuí, 2005. p. 25).

[133] STEIN, Ernildo. *Exercícios de fenomenologia*: limites de um paradigma. Ijuí: Unijuí, 2004. p. 134.

[134] "A ciência busca a solução dos problemas e a Filosofia se ocupa com os problemas da solução". (*Ibidem*. p. 134).

[135] Stein, alertando quanto aos riscos de ignorar essa distinção metodológica, afirma: a presença da Filosofia no Direito deve, primeiro, dar consciência a ele de que no debate jurídico, na teoria e na Filosofia do Direito, se confundem a solução de problemas e os problemas da solução. Essa superposição dos dois aspectos torna o debate jurídico inacabável no exame de casos e cada vez mais retórico na definição do campo de razões. (*Ibisem*. p. 136).

— V —
O "perigo" da dogmática jurídico-penal

Heidegger nos diz que a essência da técnica é o *Gestell*,[136] termo que pode ser traduzido por "dispositivo" e que poderá ser definido como a força compulsiva e provocadora que leva o homem a explorar a técnica como única forma de desvelamento.[137] Quando o filósofo fala em essência, não está falando no sentido de *essentia*, reconhecido pela tradição filosófica, mas no sentido de destino. Portanto, se a essência da técnica é o *Gestell*, então o destino da técnica seria o *Gestell*.[138] Porém, se o *Gestell* for desvelado como "perigo", então fará com que o destino da técnica também seja o "perigo";[139]

A essência da dogmática jurídico-penal, nesse quadro, poderia ser compreendida como o *Gestell*, já que ela é técnica e, assim, o destino da dogmática jurídico-penal seria o *Gestell*. Entretanto, se o destino da técnica é o "perigo", então o destino da dogmática jurídico-penal, também, seria o "perigo". E qual seria esse "perigo" a ser desvelado? Para nós, ele seria a *utilização dogmática da dogmática jurídico-penal*.

A *utilização dogmática da dogmática jurídico-penal* poderá ser entendida como a utilização cega e impensada da técnica jurídica. A *utilização dogmática da dogmática jurídico-penal* se mostra como a própria morte do pensar, a morte do pensamento meditativo, a morte da filosofia, no caso, da filosofia penal, ou seja, a morte da meditação sobre as coisas do direito penal. Seria a crença na autossuficiência da dogmática jurídico-penal, sustentada pela ilusão de que o pensamento calculador se basta e pode desmerecer a reflexão que medita. A *utilização dogmática da dogmática jurídico-penal* se deixa mostrar como a concessão ao império do planeamento, como a rendição à utilidade.[140]

Qual o grande perigo, então, vem à tona? Então, com a maior e mais eficaz sagacidade do planejamento e da invenção que calculam

---

136 "A essência da técnica repousa no dispositivo [*Gestell*]". (HEIDEGGER, Martin. *Die Technik und die Kehre*. 12ª ed. Stuttgart: Klett-Cotta, 2011. p. 25).

137 "Gestell assume duas dimensões: a) Uma dimensão que representa a compulsividade do ser humano em manipular as coisas e mudá-las. Derrubar uma árvore para fazer tábuas, construir casas; usar a presa de um elefante para fabricar uma joia, etc. Ou seja, nós temos uma compulsão ao Dispositivo que o ser humano tem, a fazer objetos. [...] b) Mas há também uma disposição da natureza que nos provoca – ela é uma provocação – ela nos chama a transformá-la". (STEIN, Ernildo. *Pensar e errar*: um ajuste com Heidegger. Ijuí: Unijuí, 2011. p. 166).

138 HEIDEGGER, Martin. *Die Technik und die Kehre*. 12ª ed. Stuttgart: Klett-Cotta, 2011. p. 25.

139 *Ibidem*. p. 26.

140 "Quando a ciência quer examinar a maneira de proceder que lhe é própria, deve saber que na reflexão sobre si mesma precisa reconhecer que seu método a abandona". (STEIN, Ernildo. *Exercícios de fenomenologia*: limites de um paradigma. Ijuí: Unijuí, 2004. p. 135).

viria, juntamente, a indiferença com o pensamento meditativo, o não-pensar. E então? Então, o próprio homem, a saber, renegará e descartará o fato de que possui uma essência meditativa. Por isso, é válido salvar essa essência do homem. Por isso, é válido manter desperto o pensamento meditativo. (*Welche große Gefahr zöge dann herauf? Dann ginge mit dem höchsten und erfolgreichsten Scharfsinn des rechnende Planens und Erfindens – die Gleichgültigkeit gegen das Nachdenken, die totale Gedankenlosigkeit zusammen. Und dann? Dann hätte der Mensch sein Eigenstes, daß er nämlich ein nachdenkendes Wesen ist, verleugnet und weggeworfen. Darum gilt es, dieses Wesen des Menschen zu retten. Darum gilt es, das Nachdenken wach zu halten*).[141]

— VI —
A "salvação" da dogmática jurídico-penal

No próprio ato de avistar a *utilização dogmática da dogmática jurídico-penal* se encontraria o germe da "salvação". Se o "perigo" (*Gefahr*) em questão é a morte do pensar meditativo em relação às coisas do direito penal, então seria na constatação da sua possibilidade que se poderia encontrar aquilo que "salva": "Onde está o perigo também cresce aquilo que salva" (*Wo aber Gefahr ist, wächst das Rettende auch*).[142]

Quando avistamos a possibilidade da consumação de um tal "perigo", nós o afastamos, porque o pensamento meditativo seria o que "salva", e este poderia avistar aquele. Assim, a cada passo à frente na direção da constatação do "perigo", um passo atrás este recuará. Quanto mais dilatada e exacerbada estiver a *utilização dogmática da dogmática jurídico-penal*, então mais próxima ela estará do seu fim, da "viravolta". Pois quanto mais ampliada ela estiver, então mais perceptível estará e, quanto mais perceptível estiver, mais aplacadora será a ação daquilo que "salva".

---

141 HEIDEGGER, Martin. *Gelassenheit*. 2ª ed. Tübingen: Neske, 1960. p. 27.

142 Heidegger se vale da poesia de Hölderlin, como metáfora, para desvelar a hipótese defendida. (HEIDEGGER, Martin. *Die Technik und die Kehre*. 12ª ed. Stuttgart: Klett-Cotta, 2011. p. 28). (STEIN, Ernildo. *Pensar e errar*: um ajuste com Heidegger. Ijuí: Unijuí, 2011. p. 166). Stein afirma que o referido verso "é, talvez, antes de mais nada, um verso que pode ser parafraseado para terminar dizendo-nos que, na própria dimensão apofântica, já se dá a dimensão hermenêutica, ou de que, naquilo que está desvelado, o velado se anuncia". (STEIN, Ernildo. *Pensar é pensar a diferença*: filosofia e conhecimento empírico. Ijuí: Unijuí, 2006. p. 60). Comentando a utilização da poesia de Hölderlin por Heidegger, Stein assevera: "Convenhamos que Heidegger conhece o poeta como poucos. Foi um dos primeiros que revelou sua genialidade na esfera da linguagem e muito cedo também descobriu o valor dos hinos tardios. Muito honroso para Hölderlin é também o lugar que o filósofo lhe dá como poeta que superou a metafísica". (STEIN, Ernildo. *Instauração do sentido*: reflexão e interpretação do discurso (literário). Porto Alegre: Movimento, 1977. p. 50).

— VII —
Considerações finais

A serenidade para com as coisas do direito penal estaria no "fazer" e no "deixar" (*Tun und Lassen*),[143] no dizer "sim" e "não" à dogmática jurídico-penal e à filosofia penal, porque ambas as formas de tratar as coisas do direito penal são legítimas e necessárias.

Se a dogmática jurídico-penal "não pensa", então por isso poderá encontrar a solução para os problemas penais. Se a filosofia penal não pode encontrar a solução para os problemas penais, é porque pode encontrar os problemas das soluções penais. Por isso a importância do "fazer" e do "deixar", por isso a importância da comunicação entre os dois lados da "ponte", desvela-se aí o sentido da serenidade para com as coisas do direito penal.

Ter a serenidade para com as coisas do direito penal é o mesmo que fazer o uso conjunto da dogmática jurídico-penal com a filosofia penal. Com isso, tornar-se possível avistar o "perigo" da dogmática jurídico-penal, justamente por meio do germe da sua "salvação". Assim, conseguimos compreender que o "perigo" pode crescer na falta da serenidade, pela ausência de um dos lados da "ponte". Porém, eis que a "salvação" poderá crescer na presença da serenidade, com o outro lado da "ponte", colocando em ação aquilo que "salva", por meio do diálogo.

Porto Alegre, primavera de 2012. (redação originária)

Porto Alegre, março de 2019. (versão revista)

Referências

COSTA, José de Faria. *Linhas de Direito Penal e Filosofia*: alguns cruzamentos reflexivos. Coimbra: Coimbra Editora, 2005.

——. *Noções fundamentais de Direito Penal*: fragmenta iuris poenalis. Coimbra: Coimbra Editora, 2009.

FERRAZ JÚNIOR, Tércio Sampaio. *Introdução ao estudo do direito*: técnica, decisão, dominação. São Paulo: Atlas, 2003.

HEIDEGGER, Martin. *Die Technik und die Kehre*. 12ª ed. Stuttgart: Klett-Cotta, 2011.

——. *Gelassenheit*. 2ª ed. Tübingen: Neske, 1960.

——. *Was heißt Denken?* Stuttgart: Reclam, 1992.

REALE, Miguel. *Filosofia do Direito*. São Paulo: Saraiva, 2011.

[143] Sobre o "fazer" (*Tun*) e o "deixar" (*Lassen*), ver HEIDEGGER, Martin. *Gelassenheit*. 2ª ed. Tübingen: Neske, 1960. p. 25.

STEIN, Ernildo. *Exercícios de fenomenologia*: limites de um paradigma. Ijuí: Unijuí, 2004.

——. *Inovação na filosofia*. Ijuí: Unijuí, 2011.

——. *Instauração do sentido*: reflexão e interpretação do discurso (literário). Porto Alegre: Movimento, 1977.

——. *Introdução ao pensamento de Martin Heidegger*. Porto Alegre: Edipucrs, 2011.

——. *Pensar e errar*: um ajuste com Heidegger. Ijuí: Unijuí, 2011.

——. *Pensar é pensar a diferença*: filosofia e conhecimento empírico. Ijuí: Unijuí, 2006.

——. *Uma breve introdução à filosofia*. Ijuí: Unijuí, 2005.

8. Para a discussão da serenidade para com as coisas do direito penal

(De um diálogo ao caminho do campo sobre uma *Gelassenheit* no direito penal)

Investigador = (I)
Erudito = (E)
Professor = (P)

I – Você afirmava, por fim, que a serenidade para com as coisas do direito penal estaria na atitude do "sim" e do "não".

P – Eu destacava, sobretudo, que a serenidade para com as coisas do direito penal reclama um "fazer" e um "deixar".

I – Parecem-me duas atitudes inconciliáveis, não consigo compreender inteiramente.

P – Concordaríamos se tivesses dito: "duas atitudes aparentemente inconciliáveis".

I – Então, as duas atitudes efetivamente não seriam contraditórias?

P – Não. Bastaríamos observar que o "sim" e o "não", o "fazer" e o "deixar" são apenas expressões de uma "dualidade" ou "ambiguidade" que atravessa tudo aquilo que é humano.

E – Poderíamos identificar tantas expressões de uma tal "dualidade" na tradição filosófica, a própria "*ontologische Differenz*" (diferença ontológica), a diferença entre ser e ente, apontada por Heidegger, já nos assinala a bondade dessa compreensão.

I – Mas precisaremos recorrer ao pensamento de Heidegger para compreender a presença de "dualidades" na tradição filosófica?

P – É claro que não. A tradição filosófica é marcada por um sem-número de expressões da referida "dualidade", nos mais distintos paradigmas filosóficos, a exemplo: "real" e "ideal", "sujeito" e "objeto", "transcendental" e "empírico", *"a priori"* e *"a posteriori"*. Poderíamos ficar nisso o dia inteiro.

I – Não há nada de novo, portanto, ao falarmos em "dualidades" na filosofia.

P – Sua compreensão está correta.

I – Então, ao pensarmos filosoficamente, torna-se difícil fugirmos de alguma forma de "abertura", de "dualidade" ou "ambiguidade", torna-se difícil apontar um caminho como único e absoluto.

P – Não apenas a sua intuição está correta, mas acabas de descobrir algo essencial.

E – Os elogios não costumam habitar as nossas conversas, mas tenho de dizer que conseguiste avançar um passo muito importante. Sem isso, não se conhece filosofia.

I – O mérito talvez não seja meu, mas do canto dos sabiás-laranjeira que nesta caminhada, pelo caminho do campo, inspiram-nos.

E – Com essa conquista, poderás já ter a clareza que em filosofia não existe o "caminho teórico final", não há a "última forma" de compreender problemas filosóficos. Devemos ter a consciência que *"Alles ist Weg"* (tudo é caminho). A metafísica, enquanto filosofia primeira, é *"episteme zetoumene"* (ciência procurada), ela é a ciência sumamente inconclusa, sempre e a cada vez procurada.

P – Já que estamos falando em caminho, precisaremos inevitavelmente lembrar que a filosofia é um caminho largo e contínuo, que exige treino para que possamos empreender as caminhadas. Entretanto, ao mesmo tempo, esse caminho é o mais próximo de nós, tão próximo que às vezes aparenta ser o mais distante.

I – Eu gostaria de fazer uma provocação. Convido-os a atenuar o grau de abstração, mesmo sabendo que estamos nos movendo em um terreno propriamente filosófico.

P – Literalmente, estamos nos movendo em um terreno propriamente filosófico! Grandes filósofos caminharam por este mesmo caminho do campo. Este solo, de alguma forma, deve preservar a filosofia que aqui foi cuidadosamente enraizada.

E – Não vamos agora, por favor, relembrar os nomes dos filósofos que por aqui passaram, tentemos suavizar aquilo que Harold Bloom chamou de "angústia da influência".

P – Melhor que nos angustiar, com a grandeza dos filósofos que nos antecederam, é aceitar o convite para uma saudável atenuação da abstração.

E – Convite sumariamente aceito.

I – Possuo uma questão bem prática, mas não sei se não destoará da reflexão que estávamos construindo.

P – Podes colocá-la, sem qualquer inibição.

I – Pois bem. Falamos sobre a atitude do "sim" e do "não". Falamos na atitude de "fazer" e "deixar" como constitutivas da serenidade para com as coisas do direito penal.

P – Sim, verdadeiramente.

I – Atitude do "sim" e do "não", notadamente, em relação ao pensamento calculador.

P – Exatamente.

I – Mas o que o pensamento calculador poderia trazer de mais nefasto para o direito penal?

E – Essa não é uma questão fácil de ser respondida.

P – Por um lado, teremos de ter em mente que o pensamento calculador é legítimo e necessário para o direito penal, não podemos abrir mão dele. Mas, por outro lado, teremos de saber que quando ele passa a ser utilizado como o único modo de operar com as coisas do direito penal, então estaremos frente a um perigo.

I – E esse perigo pode se manifestar de forma concreta no nosso dia a dia?

P – É claro que sim.

E – Sem dúvidas, os principais modos de aparecer desse perigo são concretos. E não estamos, aqui, utilizando uma terminologia da dogmática dos crimes de perigo!

P – O perigo do império do cálculo e da utilidade atravessa não apenas a dogmática jurídico-penal, mas o próprio ser humano e as relações que ele vier a estabelecer.

E – E isso é algo claro como a luz do sol, pois o perigo do império do cálculo e da utilidade antes de atingir o direito penal, atinge aquele que faz o direito penal, o ser humano. É o ser humano, já atingido, que projetará o perigo no direito penal.

I – Consigo entender, mas precisaria de uma descrição mais detalhada.

P – O perigo possibilitará a ocorrência de uma série de perversões no mundo do direito penal, envolvendo desde os atores da *praxis* jurídica, passando por aqueles envolvidos no processo legislativo, até chegar àqueles que pensam as coisas do direito penal.

E – É verdade, podemos vislumbrar juntos, aqui e agora, neste pedaço de terra natal, as mais variadas formas de perversões que inevitavelmente atingirão a jurisprudência, a lei e a doutrina.

I – Começo a entender melhor, a partir da delimitação operada. Consigo imaginar, com relativa facilidade, o perigo do império do cálculo e da utilidade na criação e na aplicação de normas, mas confesso encontrar dificuldades para intuir como seria um tal perigo em relação ao "pensamento doutrinário", em relação àqueles que pensam as coisas do direito penal.

P – Quando falamos em "pensamento doutrinário" ou naqueles que pensam as coisas do direito penal, no exato contexto que precisamos destacar, devemos ter em vista um sentido mais amplo, a envolver não apenas o material bibliográfico produzido, que propriamente chamamos de doutrina, mas as relações que se desenvolvem no ambiente intelectual onde ela deveria ser produzida, em conjugação com a pesquisa e o ensino.

E – O "pensamento doutrinário", em regra, possui um espaço próprio de criação. Normalmente ele não é desenvolvido distante de interlocuções e trocas.

I – Percebo isso com facilidade.

P – A questão que nos faz pensar é: que tipo de interlocuções e trocas poderão ocorrer?

I – Céus, a perversão se instalou também nas interlocuções e trocas?

P – Em que pensas ao fazer esse questionamento?

I – Penso no pecado favorito de grande parte da humanidade e que algum dia já assombrou cada um de nós.

E – Com efeito, não poderá ser outro que não a vaidade.

I – Indubitavelmente.

P – Não poderemos fingir não saber das coisas que são e do modo como são.

I – Mas a vaidade ensurdece, como já disse um príncipe, "os vaidosos nunca ouvem senão os louvores".[144]

E – Exatamente aí está o ponto.

P – Que tipo de trocas você acha que poderá haver se em um determinado espaço reinar a vaidade?

---

[144] SAINT-EXUPÉRY, Antoine de. *O pequeno príncipe*. 4ª reimpressão. Trad. Denise Bottmann. Barueri: Ciranda Cultural, 2018. 43.

I – Trágico perceber, a considerar que "para os vaidosos, os outros homens são admiradores".[145]

P – E o que significa, nesse contexto, "admirar"?

I – Reconhecer alguém como o "mais inteligente do planeta", mesmo que ele esteja "sozinho em seu planeta", pois ele, mesmo na solidão, implorará: "Faça-me essa gentileza. Admire-me mesmo assim".[146]

E – O perigo do cálculo e da utilidade, então, trabalhará em favor desse tipo de troca.

P – Se alguém ganhasse algo com tais trocas, o que ganharia?

I – Certamente, se ganhasse, seria algo distante do progresso teórico e intelectual.

E – E o único "ganho", que não é ganho, antes perda, seria a manutenção daquilo que já foi chamado de "escola do elogio mútuo, a *mutual admiration society*".[147]

I – Pelos Deuses, poucas verdades se deixam mostrar assim, tão claras e cintilantes, quanto tristes e miseráveis!

E – Tomei nota de algumas linhas que descrevem com riqueza um pouco dessa pobreza: "Escola de epígonos e discípulos, vivendo uma estranha relação libidinal com os mestres, símile degradado da dialética do senhor e do servo de Hegel. [...] Os rituais de escolha, iniciação, admissão e produção. Critérios de escolha dos tipos: subserviência, mediocridade (contracenando com o "brilhantismo" do mestre), uma informação humilde e setorizada (espécie de voto de pobreza de espírito), ambição calculada [...]".[148]

I – Mas o império do cálculo e da utilidade poderia sozinho criar esse submundo que descreves?

E – Não. Não é o império do cálculo e da utilidade que criam esse submundo, mas é esse submundo que dá poder à criação do império do cálculo e da utilidade.

P – Nesse submundo, o homem é cruelmente reduzido à condição de peça da engrenagem de um grande circuito.

---

[145] SAINT-EXUPÉRY, Antoine de. *O pequeno príncipe*. 4ª reimpressão. Trad. Denise Bottmann. Barueri: Ciranda Cultural, 2018. 42.

[146] *Ibidem*. 44.

[147] STEIN, Ernildo. "O provincial como fábula do mundo". *In*: *Paradoxos da racionalidade*. Caxias do Sul; Porto Alegre: PyR Edições, 1987. p. 11.

[148] *Ibidem*. p. 11 e 12.

I – Não sei se alcanço inteiramente a compreensão, o que queres significar por "peça"? Ora, o homem é o ente que por excelência reflete, medita, pensa, mas peças obviamente não podem pensar.

E – Talvez mais algumas linhas, das notas que tomei, possam ajudar na compreensão, a partir da descrição de um grande circuito identificado no cenário de um passado nada distante: "[...] As ideias próprias eram alheias. Era o mundo dos especialistas em... Eram os 'proprietários' do pensamento (dos outros); oficiais decodificadores de... A relação entre o especialista em... e o seu gênio tutelar era uma reduplicação da subserviência entre o mestre e o servo (mediunidade reduplicada do universal). [...] Presas da ambiguidade, oscilavam entre a subserviência ao mestre e o risco de exclusão por lhe ter ocorrido um pensamento próprio".[149]

I – Creio, agora, ter conseguido compreender inteiramente.

E – A verdade é que o império do cálculo e da utilidade não poderá apreciar a originalidade, não poderá gostar da reflexão que medita criticamente.

P – O império do pensamento calculador agirá, em todas as oportunidades, para "matar" o germe da reflexão que medita, buscará aniquilar o pensamento que reflete sobre os sustentáculos do império do cálculo e da utilidade.

E – O pensamento calculador, ao calcular as próprias possibilidades de se perpetuar, não perdoará aquilo que ameaça lhe destronar.

I – E o que poderá acontecer a partir do fenômeno descrito?

P – Para além do uso dogmático da dogmática, a miséria intelectual se alimentará e, ao mesmo tempo, retroalimentará a engrenagem, freando o progresso teórico e agindo em favor de um falso gozo da vaidade verdadeira.

E – A vaidade verdadeira dispensará o progresso teórico, já que o mais importante, para ela, será gozar narcisicamente, mesmo que ao custo do fomento da miséria intelectual. Essa vaidade não quererá colegas, antes quererá admiradores e, assim, não quererá a verdade, antes quererá a bajulação. Ela, portanto, não quererá se tornar melhor, antes quererá tornar o seu trono maior. Tudo a festejar a estagnação teórica!

I – E onde houver esse submundo não haverá salvação?

E – Creio que se o poeta do fim da metafísica, Hölderlin, pudesse hoje conhecer o referido submundo, responderia com a genialidade

[149] STEIN, Ernildo. "O provincial como fábula do mundo". *In*: *Paradoxos da racionalidade*. Caxias do Sul; Porto Alegre: PyR Edições, 1987. p. 13 e 14.

de uma frase: "*Wo aber Gefahr ist, wächst das Rettende auch*" (Onde está o perigo, também, cresce aquilo que salva).

I – E as coisas ficam assim?

P – Onde houver a reflexão, o pensamento que medita, lá o império do cálculo e da utilidade estarão sendo vigiados.

E – Como Hegel disse: "a filosofia chega sempre tarde", mas "quando as sombras da noite começam a cair é que levanta voo o pássaro de Minerva".[150]

I – Já, neste avançar da caminhada, quando as sombras da noite efetivamente começam a cair, ocorre-me forçosamente: qual o sentido do nosso diálogo sobre a serenidade para com as coisas do direito penal?

E – Poderíamos questionar, ainda antes: quem somos nós – enraizados neste solo natal, dialogantes – na tarefa de pensar a serenidade para com as coisas do direito penal?

P – Mas por que perguntam, em uma tonalidade aparentemente cética, pelo sentido do diálogo e pelos seus dialogantes?

I – Sem a busca pelo sentido que paira por sobre as coisas – ou, antes, que ampara as coisas – não poderá haver filosofar.

E – Nem, tão pouco, poderemos lidimamente encontrar, neste diálogo, *die Gelassenheit zu den Dingen* (a serenidade para com as coisas), sem colocarmos em questão os próprios dialogantes.

P – Parece que estamos, de uma vez por todas, dirigindo-nos ao lugar onde precisamente deveremos chegar.

E – Honestamente, é o que mais espero.

I – Neste momento, eu não desejaria outra coisa.

P – Se, nesta caminhada, com o filosofar em curso, juntos, realizamos o nosso diálogo até aqui, também, juntos, desvelaremos o sentido desse diálogo e, consequentemente, desvelaremos quem somos nós dialogantes.

E – Consigo enxergar que a resposta para a pergunta por "quem somos nós dialogantes" estará umbilicalmente ligada ao sentido do diálogo.

P – Indubitavelmente.

I – E, então, onde deveremos buscar a resposta?

P – O que significa o diálogo que, aqui e agora, acontece?

---

[150] HEGEL, Georg Wilhelm Friedrich. *Grundlinien der Philosophie des Rechts*. [Rechtsphilosophie Edition Ilting]. V. 2. Stuttgart: Frommann-Holzboog, 1973. p. 74.

I – Significa que estamos pensando a serenidade para com as coisas do direito penal.

P – E o que significa pensar?

E – O pensamento de Heidegger, em *Was heißt Denken?* (O que significa pensar?), poderia nos ajudar, mas creio que já não seja necessário.

P – O pensar é o que há de mais próprio no ser humano, pelo pensar nos tornamos humanos.

E – O problema é que na maior parte das vezes não pensamos.

P – Não pensamos o sentido das coisas, que normalmente repousa por debaixo da representação habitual, não pensamos ao modo dos pensadores.

I – Mas o que será da nossa condição humana se não pensarmos?

P – Mais importante, nesta meditação, não será "o que", mas o "como".

E – Como ficará a nossa condição humana se não pensarmos?

P – Por um lado, somente somos com os outros, nunca somos sozinhos, ainda que na solidão. Por outro lado, o pensar nos constitui.

I – Então, somos pensamento, mas também somos coexistência.

P – E como este diálogo, sobre a serenidade para com as coisas do direito penal, poderá ir ao encontro dessa compreensão que acabas de conquistar?

I – A tarefa de pensar a serenidade para com as coisas do direito penal, colocando-se o filosofar em curso, faz-nos consagrar a nossa condição humana.

P – Mas um tal pensar não poderá nascer em desertos, nem tampouco poderá crescer em ilhas longínquas.

E – Pelos deuses, já não mais presentes! As trocas, uma vez mais! Será nas trocas e pelas trocas que um tal pensar surgirá e se desenvolverá.

I – Então, é no diálogo e pelo diálogo que surgirá e se desenvolverá o pensamento da serenidade para com as coisas do direito penal.

E – Mas será que, lá no início, quando nos colocamos a pensar e a dialogar já estávamos no caminho da serenidade para com as coisas do direito penal?

P – É claro, já estávamos no caminho. Aquele que, verdadeiramente, abriu-se ao diálogo, já está no caminho da serenidade. Por essa razão, agora, todos nós, estamos participando do presente diálogo.

E – Gozaríamos, nós, de predicados especiais para participar do diálogo?

I – Faríamos, nós, algo de extraordinário que nos conferiria credenciais para o diálogo?

P – A erudição não nos garante nada em termos de pensamento, nem tão pouco a investigação. Ambas são necessárias e se complementam, mas é preciso mais. É preciso do mais simples. É preciso que nos demoremos sobre aquilo que está mais próximo de nós, levando o filosofar a acontecer e o diálogo a se estabelecer.

E – Estamos, assim, neste diálogo, fazendo acontecer o pensamento da serenidade para com as coisas do direito penal.

I – E, ao fazer acontecer o pensamento no diálogo e o diálogo no pensamento, já estamos deixando mostrar quem somos.

P – Chega-se, derradeiramente, ao destino do caminho eleito para esta específica caminhada: quem somos? Podemos ouvir uns dos outros, somos um diálogo. Deixemos que os versos de Hölderlin – ao final deste caminho, que antes é início – povoem a nossa compreensão:

> Mas as leis que valem entre os amantes,
> As leis da bela reconciliação, são então válidas
> Desde a terra até ao alto do céu.
> E o Pai já não reina lá em cima sozinho
> E há outros ainda ao seu lado.
> Muito aprendeu o homem. Dos celestes muito nomeou,
>
> Desde que somos um diálogo
> E podemos ouvir uns dos outros.
>
> (*Die Gesetze aber, die unter Liebenden gelten,*
> *Die schönausgleichenden, sie sind dann allgeltend*
> *Von der Erde bis hoch in den Himmel.*
> *Und der Vater thront nun nimmer oben allein*
> *Und andere sind noch bei ihm.*
> *Viel hat erfahren der Mensch. Der Himmlischen viele genannt,*
>
> *Seit ein Gespräch wir sind*
> *Und hören können voneinander*).[151]

Porto Alegre, 19 de abril de 2019.

[151] HÖLDERLIN, Friedrich. *Gedichte*. Stuttgart: Reclam, 2015.

Referências

HEGEL, Georg Wilhelm Friedrich. *Grundlinien der Philosophie des Rechts*. [Rechtsphilosophie Edition Ilting]. V. 2. Stuttgart: Frommann-Holzboog, 1973. p. 74.

HÖLDERLIN, Friedrich. *Gedichte*. Stuttgart: Reclam, 2015.

SAINT-EXUPÉRY, Antoine de. *O pequeno príncipe*. 4ª reimp. Trad. Denise Bottmann. Barueri: Ciranda Cultural, 2018.

STEIN, Ernildo. *Paradoxos da racionalidade*. Caxias do Sul; Porto Alegre: PyR Edições, 1987.

9. Adendo

(Premissas para um possível estatuto teórico da pesquisa filosófica no direito)

Ao concluir este trabalho sobre direito penal e filosofia, sinto a necessidade – em tom de máxima honestidade intelectual – de não guardar para mim o conjunto de premissas que tornaram possível esta análise filosófica de alguns fenômenos da dogmática jurídico-penal. Quero dividir com o leitor a consciência de tais premissas, que podemos entender como fundamentais, não apenas para que sejam conhecidas as raízes do trabalho, mas para que se possa colocar em discussão as bondades desta compreensão de base, criando condições de se estabelecer efetivamente o diálogo.

Essas premissas, se forem desenvolvidas – e a depender da forma como o forem – poderão constituir um possível estatuto teórico da pesquisa filosófica no direito. Trata-se de premissas jurídico-filosóficas amplas, que poderão de alguma forma orientar a pesquisa filosófica interessada em quaisquer dos ramos do direito.

Não há, aqui, qualquer pretensão de se estabelecer um modo único de trabalhar filosoficamente no campo do direito – e nem mesmo poderia haver, sem contradizer a própria ideia de algumas das premissas que serão mostradas.[152] Nem há, tampouco, qualquer pretensão de se apresentar uma espécie de "guia-prático" de como fazer filosofia no direito – o que contradiria outras premissas que aparecerão. Há, sim, uma vontade de esclarecer um solo fenomenológico que pode nos poupar de muitos equívocos teóricos e escolhas aleatórias em filosofia do direito.[153]

---

[152] Temos de reconhecer que a filosofia é construída por meio de narrativas e, portanto, um estatuto teórico para a pesquisa filosófica no direito nada mais é que uma narrativa possível, uma perspectiva teórica, uma forma de compreender as possibilidades de fazer filosofia no direito.

[153] Percebemos certas deturpações na filosofia do direito que levam a se confundir as tarefas da dogmática com as tarefas da filosofia, misturando-se os objetos de ambos os registros teóricos, igualando-se o procedimento dogmático ao procedimento especulativo, sem qualquer consciência disso ou sem ao menos conhecer a distinção entre os dois.

A compreensão e o desenvolvimento dessas premissas foi se dando na medida em que conseguia circunscrever um quadro referencial teórico. Leituras e diálogos, em meio ao processo criativo, culminaram em uma sistematização de ideias construídas a partir de algumas conquistas irrenunciáveis da filosofia contemporânea. Entretanto, a apresentação de uma tal sistematização, aqui, aparece apenas no formato de um esboço, provisório e incompleto, mas suficiente para os intuitos de dar conhecimento de onde se parte e, ao mesmo tempo, possibilitar que o debate alcance um nível mais profundo, chegando-se aos fundamentos dos fundamentos.

A apresentação de tais premissas – passos que podem ser considerados decisivos no trabalho jurídico-filosófico – será feita por meio do breve desenvolvimento de sete pontos que representam a tomada de consciência de elementos que constituiriam a análise propriamente filosófica do direito, elementos que de algum modo delimitam as fronteiras epistemológicas entre a ciência do direito e a filosofia do direito, separando territórios constituídos por método e objeto.

Passo a descrever, então, esses passos que me permitiram desenvolver o trabalho que o leitor acaba de ler.

— I —

Em primeiro lugar, foi preciso ter clareza sobre a distinção fundamental entre os dois níveis de análises possíveis dos fenômenos jurídicos: (a) o nível dogmático, enunciativo, não-especulativo, não-transcendental, apofântico, propriamente científico; e (b) o nível especulativo, antepredicativo, não-dogmático, transcendental (não-clássico), hermenêutico, propriamente filosófico.

Por um lado, a análise dogmática dos fenômenos jurídicos, científica por excelência, visa à solução de problemas. Ela necessita da objetificação, pois precisa obter resultados práticos. A sua tarefa de sistematização e elucidação dos conceitos e categorias fundamentais do direito é guiada pela busca das melhores possibilidades de aplicação deste. A cientificidade do seu procedimento faz com que a dogmática fuja do "não-objetivo", fuja do "não-objetificador". Essa mesma cientificidade, também, faz com que a dogmática se deixe atrair pelo "cálculo", mesmo não operando com números, já que estará em questão o "cálculo" pelas melhores possibilidades de aplicação do direito.

Por outro lado, a análise especulativa dos fenômenos jurídicos, filosófica por excelência, visa aos problemas da solução. Ela necessita fugir da objetificação, pois não precisa obter resultados práticos diretos. A sua tarefa de estruturação e organização dos elementos antepredicativos do direito é guiada pela busca do desvelamento das condições de possibilidade deste. A transcedentalidade (não-clássica) do seu procedimento faz com que a filosofia do direito se valha do "não-objetivo", do "não-objetificador". Essa mesma transcedentalidade (não-clássica), também, faz com que a filosofia do direito fuja do "cálculo", já que está em questão a meditação sobre os pressupostos especulativos que sustentam a juridicidade e que podem oferecer um fundamento ao direito.

Cada um dos referidos registros de análise possui uma linguagem própria, construída a partir de um repertório técnico específico. É necessário conhecer os detalhes que diferenciam a linguagem especulativa da linguagem dogmática para podermos conscientemente operar com êxito nos dois registros, evitando uma série de equívocos comuns, que normalmente esvaziam a filosofia e ornamentam o direito.

A linguagem dogmática traz consigo certa aspereza, particular e necessária. Com os seus enunciados, ela precisa "fechar" o discurso para solucionar os seus problemas, enquanto a linguagem especulativa precisa "abrir" o discurso para poder "problematizar". A linguagem dogmática, guiada pela tarefa de solucionar problemas, terá como modo de proceder a delimitação, a definição, a obturação. A linguagem especulativa, que visa a problematizar soluções, buscando a análise das condições de possibilidade, pela distância da objetificação que lhe é própria, apresenta-se como um discurso que vigia modos-de-ser e modos-de-acontecer, desvelando o sentido normalmente encoberto em nível ôntico, que poderá se mostrar como um fundamento para o direito. Essa linguagem, inevitavelmente, traz recursos próprios enraizados em algum paradigma filosófico.

— II —

Em segundo lugar, foi necessário identificar um núcleo de investigação fiel a um paradigma. Não poderíamos aleatoriamente combinar autores no âmbito da análise especulativa, propriamente filosófica, ignorando as possíveis incompatibilidades teóricas decorrentes dos distintos paradigmas filosóficos.

Seria possível encontrarmos dificuldades, por exemplo, em uma hipotética tentativa de combinação da filosofia de Kant, enraizada no paradigma metafísico da subjetividade, com a filosofia do segundo Wittgenstein, que abre as portas para o paradigma da virada linguística.

Era necessária uma harmonização entre os universos de conceitos e categorias próprios de cada filosofia.

Sem essa consciência, poderíamos facilmente derrapar no especulativo e cair em um uso meramente ornamental da filosofia no direito, selecionando arbitrariamente passagens da filosofia de grandes filósofos que poderiam, tão somente, embelezar o texto, mas que estariam descoladas do quadro referencial teórico. Ao escaparmos do referido uso ornamental, era preciso conhecer as reais possibilidades de "utilização" da filosofia no direito, evitando ilusões teóricas que nos distanciariam do progresso intelectual.

— III —

Em terceiro lugar, foi preciso ter a consciência que a filosofia não pode saber mais dos fenômenos jurídicos que a própria ciência jurídica e, portanto, aquela não pode solucionar os problemas desta. A filosofia não pode assumir a tarefa de entregar diretamente um contributo prático ao direito, as suas contribuições se dão em outra perspectiva, que diz respeito ao esclarecimento de pressupostos, normalmente não discutidos. Esses pressupostos, que podemos chamar de condições de possibilidade, quando passam de uma espécie de estado de latência para um estado de consciência, podem condicionar as melhores escolhas em nível dogmático. E, estas, por sua vez, poderão culminar em um avanço de caráter prático para o direito.

O que estava em questão era uma diferença fundamental quanto ao método e objeto na filosofia do direito e na ciência do direito. Na filosofia do direito os objetos são apenas objetos formais, o que é próprio da filosofia. E é claro que a verdadeira filosofia do direito é filosofia. Mas na ciência do direito os objetos não podem ser apenas objetos formais, eles necessariamente contém certa materialidade.

E cada tipo de objeto requer um método específico. Os objetos formais da filosofia do direito exigem um "método especulativo", propriamente filosófico, que não pode comprar a tarefa de solucionar problemas. Enquanto que os objetos não-formais do direito exigem um "método dogmático", propriamente científico, que deve assumir a tarefa de solucionar problemas.

— IV —

Em quarto lugar, foi preciso perceber que o verdadeiro pensar filosófico no direito passa ao largo da objetificação de categorias da filosofia, ou seja, não poderemos dogmatizar categorias filosóficas como se fossem instrumentos de caráter científico, próprios da dogmática. Sem saber disso, correríamos o risco de ontificar os elementos de caráter ontológico, transformando em propriedades aquilo que seriam os objetos formais da filosofia, construídos por meio da linguagem especulativa. Desse modo, com a objetificação de categorias filosóficas para o uso no direito, furtaríamos da filosofia aquilo que lhe há de mais próprio, o seu caráter desobjetificador.

Ao objetificarmos categorias filosóficas no direito, nadificando o que há de mais propriamente filosófico na filosofia, somos conduzidos a um caminho muito próximo do "uso" meramente ornamental da filosofia no direito, aquela forma de utilização da filosofia em que as passagens filosóficas ganham apenas uma tarefa decorativa no texto que se propõe a analisar fenômenos jurídicos.

Essa objetificação pode ser compreendida como uma forma de simplificação, em que o sentido desvelado como condição de possibilidade, pela análise especulativa, é reduzido a uma propriedade, enquanto resultado daquilo que poderemos chamar de um processo de entificação dos elementos ontológicos, ou dogmatização dos elementos especulativos.

— V —

Em quinto lugar, foi necessário ter a compreensão de que se faz filosofia no direito antes com temas que com autores. Os autores podem nos ajudar a pensar os temas, mas precisaremos ir dos temas aos autores, e não o contrário. Não é pela simpatia que temos por determinado autor, ou mesmo pela sua filosofia, que estaremos "autorizados" a levá-los para a reflexão sobre as coisas do direito. Deve haver uma conformação teórica e temática que será anterior. Sem isso, correríamos o risco de transformar a filosofia do direito em entretenimento, em alguma forma de brincadeira lúdica.

— VI —

Em sexto lugar, foi preciso dispor de um quadro referencial teórico. O quadro teórico circunscreveu o paradigma em que estava situada a nossa pesquisa jurídico-filosófica. E, aqui, já pudemos perceber a importância da relação entre a fidelidade do núcleo de pesquisa a um paradigma e a disposição de um quadro referencial teórico. É claro que estamos falando em um verdadeiro quadro referencial teórico, e não em um mero conjunto de informações aleatórias obtidas nos trabalhos de diferentes autores.

O verdadeiro quadro referencial teórico será composto de uma série de premissas, que constituem, por si só, um paradigma teórico. Quanto mais extensa for essa série de premissas, então mais sólido poderá ser o quadro teórico.

No âmbito da pesquisa filosófica no direito, as referidas premissas podem passar pela adoção de uma teoria do ser, de uma teoria da verdade, de uma teoria da realidade, de uma teoria ética, de uma teoria da justiça, dentre outras. Essas premissas podem ser articuladas com diferentes ferramentas, oriundas de diferentes regiões teoréticas. Quanto mais elaboradas forem as ferramentas utilizadas para articular as referidas premissas, mais rico será o quadro referencial teórico da pesquisa filosófica no direito.

— VII —

Em sétimo lugar, foi necessário perguntar "o que significa pensar filosoficamente o direito (?)". Uma tal pergunta já nos colocava ao caminho de uma meditação propriamente filosófica. Não é a dogmática, enquanto ciência do direito, que responde essa pergunta. A resposta exige um caminho distante das objetificações próprias do conhecimento científico, ela demanda o pensamento especulativo, que apanha os elementos antepredicativos e anteriores ao pensamento dogmático.

Estamos frente a um modo de pensar que é hermenêutico no seu sentido mais essencial, apto a desvelar as condições de possibilidade da juridicidade, deixando-se mostrar como um possível fundamento para o direito. Essa pergunta poderá sempre e a cada vez ser perguntada, pois a filosofia do direito, assim como toda a filosofia, é "ciência procurada", sempre e a cada vez procurada, sempre inconclusa, sempre a caminho. A abertura à historicidade, aliada ao seu caráter especulativo, garantem a necessidade da não obturação.

Porto Alegre, 2 de julho de 2019.

Índice bibliográfico

(A origem dos textos)

Referências gerais

AURENQUE Diana. *Ethosdenken*: Auf der Spur einer ethischen Fragestellung in der Philosophie Martin Heideggers. Freiburg im Breisgau: Verlag Karl Alber, 2011.

BECK, Ulrich. *Die Risikogesellschaft*: Auf dem Weg in eine andere Moderne. Frankfurt am Main: Suhrkamp, 1995.

BINDING, Karl. *Die Normen und ihre Übertretungen*: Eine Untersuchung über die Rechtmässige Handlung und die Arten des Delikts. Tomo I [Normen und Strafgesetze]. 4ª ed. Leipzig: Verlag von Felix Meiner, 1922.

BIRNBAUM, Johann Michael Franz. Ueber das Erfordernis einer Rechtsverletzung zum Begriffe des Verbrechen mit besonderer Rücksicht auf den Begriff der Ehrenkränkung. *Archiv des Criminalrechts*. Neue Folge, 1834. p. 149-194.

BLOOM, Harold. *Um mapa da desleitura*. Trad. Thelma Médici Nóbrega. Rio de Janeiro: Imago Editora, 1995.

BUONICORE, Bruno Tadeu. *Culpabilidade e fundamentos filosóficos*: compreensão do conteúdo material à luz do conceito onto-antropológico. Curitiba: Juruá, 2017.

COSTA, José de Faria. *Direito penal*. Lisboa: Imprensa Nacional, 2017.

——. *Linhas de Direito Penal e Filosofia*: alguns cruzamentos reflexivos. Coimbra: Coimbra Editora, 2005.

——. *Noções fundamentais de Direito Penal*: fragmenta iuris poenalis. Coimbra: Coimbra Editora, 2009.

——. *O perigo em direito penal (contributo para a sua fundamentação e compreensão dogmáticas)*. Reimpressão. Coimbra: Coimbra Editora. 2000.

——. Uma ponte entre o direito penal e a filosofia penal: lugar de encontro sobre o sentido da pena. *Linhas de direito penal e de filosofia*: alguns cruzamentos reflexivos. Coimbra: Coimbra Editora, 2005.

FERRAZ JÚNIOR, Tércio Sampaio. *Introdução ao estudo do direito*: técnica, decisão, dominação. São Paulo: Atlas, 2003.

FIGUEIREDO DIAS, Jorge de. *Direito penal*: parte geral. Tomo I. Questões fundamentais: a doutrina geral do crime. Coimbra: Coimbra Editora, 2007.

GOETHE, Johann Wolfgang von. *Goethes poetische und prosaische werke in zwei bänden* [Band II], 1837.

GRECO, Luís. Proteção de bens jurídicos e crueldade com animais. *Revista Liberdades*, nº 3, jan/abr, 2010. p. 47-59. p. 53.

——. Über das so genannte Feindstrafrecht. *Goltdammer's Archiv für Strafrecht*, 153, (2006/02), p. 96-113.

GUMBRECHT, Hans Ulrich. *Nosso amplo presente*: o tempo e a cultura contemporânea. Trad. Ana Isabel Soares. São Paulo: Editora Unesp, 2015.

HAEBERLIN, Carl Franz Wilhelm Jérôme. *Grundsätze des Criminalrechts: Nach den neuen deutschen Strafgesetzbüchern*. Leipzig: Friedrich Fleischer Verlag, 1848.

HEIDEGGER, Martin. *Brief über den Humanismus*. Frankfurt am Main: Vittorio Klostermann, 1967.

——. *Die Grundprobleme der Phänomenologie*. Frankfurt am Main: Vittorio Klostermann,1975.

——. *Die Technik und die Kehre*. 12ª ed. Stuttgart: Klett-Cotta, 2011.

——. *Gelassenheit*. 2ª ed. Tübingen: Neske, 1960.

——. *Identität und Differenz*. [Gesamtausgabe, Band n. 11]. Frankfurt am Main: Vittorio Klostermann, 2006.

——. *Introdução à filosofia*. Trad. Marco Antonio Casanova. São Paulo: Editora WMF Martins Fontes, 2009.

——. *Metaphysische Anfangsgründe der Logik*. Frankfurt am Main: Vittorio Klostermann, 1978.

——. *Os conceitos fundamentais da metafísica*: mundo, finitude, solidão. Trad. Marco Antônio Casanova. 2ª ed. Rio de Janeiro: Forense Universitária, 2011.

——. *Sein und Zeit*. Tübingen: Max Niemeyer Verlag, 2006.

——. *Sobre a questão do pensamento*. Trad. Ernildo Stein. Petrópolis: Editora Vozes, 2009.

——. *Unterwegs zur Sprache*. Frankfurt am Main: Vittorio Klostermann, 1985.

——. *Was heißt Denken?* Stuttgart: Reclam, 1992.

HEGEL, Georg Wilhelm Friedrich. *Grundlinien der Philosophie des Rechts*. [Rechtsphilosophie Edition Ilting]. V. 2. Stuttgart: Frommann-Holzboog, 1973.

HEINEMANN, Walter. *Die Relevanz der Philosophie Martin Heideggers für das Rechtsdenken*. [Inaugural Dissertation] Freiburg: Albert-Ludwigs-Universität zu Freiburg im Breisgau, 1970.

HÖRNLE, Tatjana. Der Schutz von Gefühlen im StGB. In: HEFENDEHL, Roland; HIRSCH, Andrew von; WOHLERS, Wolfgang (Orgs.). *Die Rechtsgutstheorie*: Legitimationsbasis des Strafrechts oder dogmatisches Glasperlenspiel? Baden-Baden: Nomos Verlagsgesellschaft, 2003.

——. *Grob anstößiges Verhalten*. Strafrechtlicher Schutz von Moral, Gefühlen und Tabus. Frankfurt am Main: Vittorio Klostermann, 2004.

HÖLDERLIN, Friedrich. *Gedichte*. Stuttgart: Reclam, 2015.

HUSSERL, Gerhart. *Recht und Welt*: Rechtsphilosophische Abhandlungen. Frankfurt am Main: Vittorio Klostermann, 1964.

——. *Recht und Zeit*: Fünf rechtsphilosophische Essays. Frankfurt am Main: Vittorio Klostermann, 1964.

LISZT, Franz von. *Lehrbuch des deutschen Strafrechts*. Berlin: J. Guttentag Verlagsbuchhandlung, 1900.

——. *Strafrechtliche: Aufsätze und Vorträge*. Tomo II. Berlin: J. Guttentag Verlagsbuchhandlung, 1905.

LÖÖCK, Carmen. *Das Tierschutzstrafrecht nach Einfügung der Staatszielbestimmung 'Tierschutz' in das Grundgesetz* (Art. 20a GG): Theorie und Praxis. Hamburg: Verlag Dr. Kovač, 2016.

MAIHOFER, Werner. *Recht und Sein*: Prolegomena zu einer Rechtsontologie. Frankfurt am Main: Vittorio Klostermann, 1954.

MOURA, Bruno. *Ilicitude penal e justificação*: reflexões a partir do ontologismo de Faria Costa. Coimbra: Coimbra Editora, 2015.

NEVES, A. Castanheira. *A crise actual da filosofia do direito no contexto da crise global da filosofia*: tópicos para a possibilidade de uma reflexiva reabilitação. Coimbra: Coimbra Editora, 2003.

PLATÃO. *O sofista*. Trad. de Juvino Maia Jr. Lisboa: Fundação Calouste Goulbenkian, 2012.

PUNTEL, Lorenz. *Struktur und Sein*. Tübingen: Verlag Mohr Siebeck, 2006.

REALE, Miguel. *Filosofia do Direito*. São Paulo: Saraiva, 2011.

ROXIN, Claus. *Strafrecht*. Allgemeiner Teil. Band I: Grundlagen – Der Aufbau der Verbrechenslehre. 4ª ed. München: Verlag C.H Beck, 2006.

KAUFMANN, Arthur. *Das Schuldprinzip: Eine strafrechtlich-rechtsphilosophische Untersuchung*. Heidelberg: Carl Winter – Universitätsverlag, 1961.

——; HASSEMER, Winfried [Org.]. *Einführung in Rechtsphilosophie und Rechtstheorie der Gegenwart*. Heidelberg: C.F Müller Juristischer Verlag, 1977.

——. Rechtsphilosophie, Rechtstheorie, Rechtsdogmatik. In: KAUFMANN, Arthur; HASSEMER, Winfried (Orgs.). *Einführung in Rechtsphilosophie und Rechtstheorie der Gegenwart*. Heidelberg: C.F Müller Juristischer Verlag, 1977.

——. *Wozu Rechtsphilosophie heute*. Frankfurt am Main: Athenäum Verlag, 1971.

KLENK, Philipp. *Tierquälerei und Sittlichkeit*. Langensalza: Verlag von Hermann Beyer & Söhne, 1902.

KRAEMER, Alexandra. *Tierschutz und Strafrecht*: Luxus oder Notwendigkeit ? Berlin: Logos Verlag, 2011.

SAINT-EXUPÉRY, Antoine de. *O pequeno príncipe*. 4ª reimpressão. Trad. Denise Bottmann. Barueri: Ciranda Cultural, 2018.

SINGER, Peter. *Animal Liberation*: The definitive classic of the animal movement. New York: HarperCollins Publishers, 2009.

——. *Ética Prática*. Trad. Jefferson Luiz Camargo. São Paulo: Martins Fontes, 2002.

STEIN, Ernildo. *A caminho do paradigma hermenêutico*: ensaios e conferências. 2ª Ed. Ijuí: Unijuí, 2017.

——. *Antropologia filosófica*: questões epistemológicas. 3ª ed. rev. Porto Alegre: Livraria do Advogado, 2018.

——. *Às voltas com a metafísica e a fenomenologia*. Ijuí: Unijuí, 2014.

——. *Exercícios de fenomenologia*: limites de um paradigma. Ijuí: Unijuí, 2004.

——. *Inovação na filosofia*. Ijuí: Unijuí, 2011.

——. *Instauração do sentido*: reflexão e interpretação do discurso (literário). Porto Alegre: Movimento, 1977.

——. *Introdução ao pensamento de Martin Heidegger*. 1ª Reimpressão. Porto Alegre: Edipucrs, 2011.

——. *Paradoxos da racionalidade*. Caxias do Sul; Porto Alegre: PyR Edições, 1987.

——. *Pensar e errar*: um ajuste com Heidegger. Ijuí: Unijuí, 2011.

——. *Pensar é pensar a diferença*: filosofia e conhecimento empírico. 3ª ed. Ijuí: Unijuí, 2006.

——. *Pensar é pensar a diferença*: filosofia e conhecimento empírico. 3ª ed. Porto Alegre: Livraria do Advogado, 2019.

——. *Seis estudos sobre "Ser e Tempo"*. 4ª ed. Petrópolis: Vozes, 2008.

——. *Sobre a verdade*: lições preliminares ao parágrafo 44 de Ser e Tempo. Ijuí: Unijuí, 2006.

——. *Uma breve introdução à filosofia*. Ijuí: Unijuí, 2005.

TEIXEIRA NETO, João Alves. Aproximações à tutela penal de animais: desvelando a pergunta pela possibilidade de os animais serem titulares de bens jurídico-penais. *Revista de Estudos Criminais*, nº 65 (2017).

——. A serenidade para com as coisas do direito penal: no limiar entre o pensamento que medita e o pensamento que calcula. *Revista de Estudos Criminais*, nº 48 (2013). p. 197-208.

——. *Relatório de atividades* [Pós-Doutorado em Ciências Criminais, realizado junto ao Programa de Pós-Graduação em Ciências Criminais da PUCRS, 2017-2018]. Porto Alegre: PUCRS, 2018.

——. *Tutela penal de animais:* uma compreensão onto-antropológica. Porto Alegre: Livraria do Advogado, 2017.

TUGENDHAT, Ernest. *Egozentrizität und Mystik*: Eine anthropologische Studie. C. H. Beck Verlag: München, 2003.

WIEGAND, Klaus Dieter. *Die Tierquälerei*: ein Beitrag zur historischen, strafrechtlichen und kriminologischen Problematik der Verstöße gegen §17 Tierschutzgesetz. Lübeck: Verlag Max Schmidt-Römhild, 1979.

WULFF, Agnes. *Die Existenziale Schuld*: Der fundamentalontologische Schuldbegriff Martin Heideggers und seine Bedeutung für das Strafrecht. Berlin: LIT Verlag, 2008.